Ernest Dichter  *Der nackte Manager*

Ernest
Dichter

# der nackte manager

Erfolgreiches
Management
ohne
Systemzwang

**lorch-verlag** GmbH
Frankfurt am Main

# Inhalt

## Vorwort

Die Erkenntnis, daß man heute sowohl den Mitarbeitern wie den Käufern von Produkten gegenüber Illusionen vermitteln bzw. verkaufen muß, bringt die Konsequenz mit sich, daß ein Manager vor allem Intuition und Kreativität entwickeln muß, wenn er andere anleiten und überzeugen will. Fachwissen allein genügt nicht. Die Ausbildung der Manager zielt aber überwiegend darauf ab, alle auftauchenden Fragen und Probleme auf fast akademische Weise mit Hilfe von mehr oder weniger vollkommenen Systemen zu lösen.

Diese Konzeption in Frage zu stellen und bessere Alternativen aufzuzeigen, ist das Anliegen des vorliegenden Buches. Es wird ganz neue Ideen vorstellen, die viel leichter in Übereinstimmung zu bringen sind mit der Vorstellungswelt und den Wertbegriffen unserer Mitarbeiter und den realen Anforderungen, die an die Manager gestellt werden. Hier wird man wenig Gemeinsamkeiten mit den hergebrachten und unbewiesenen, aber so schön und hochtrabend klingenden Lehrsätzen und magisch-alchimistischen Rezepten der herkömmlichen Managerwerke finden. Vorab ein Überblick über die einzelnen Kapitel:

## 1. Der unlogische Manager

Ein Management durch Irrtum steht eher im Einklang mit der Realität als ein Management durch Logik und nach objektiven Gesichtspunkten.

## 2. Der Auslösefaktor – die Zielfixierung

Anstatt sich zu stark auf das Ziel zu konzentrieren, sollte der Manager sich, so wie es heute die Bogenschützen tun, in einer approximativen Weise auf das Ziel konzentrieren und seinem Instinkt und seiner Intuition viel mehr Freiheit geben. So läßt sich eine unnötige Verkrampfung vermeiden.

*„Geben Sie dem Instinkt und der Intuition mehr Freiheit."*

## 3. Der ungehemmte Manager

Moderne Kurse zur Erlernung künstlerischer Ausdruckstechniken lehren z. B. den Zeichenschüler, sich selbst von der Furcht vor dem Papier oder dem Pinsel zu befreien. Er wird angewiesen, sein Handgelenk durch das Zeichnen großer Kreise ungehemmter und lockerer zu machen. Im Sprachtraining hingegen lernt man, die Angst vor der eigenen Stimme zu überwinden. In diesem Buch schlagen wir spezielle Übungen für den Manager vor, die ihm Wege zeigen, ungehemmter zu sein, sich besser in der Hand zu haben und dadurch seine Mitarbeiter wie sich selbst in den Griff zu bekommen. So lassen sich seine täglichen Probleme besser und leichter lösen.

## 4. Bürowelt – Hindernis oder Hilfe zum neuen Start

Seit Jahrhunderten sind Büros und die darin enthaltenen Möbel so organisiert bzw. konstruiert worden, daß eine möglichst hohe Arbeitsleistung erbracht werden kann. Es ist Zeit, daß man dem Wohlbefinden der Menschen, die in diesen Büros arbeiten, mehr Aufmerksamkeit schenkt. In diesem Kapitel werden wir vielfältige Anregungen geben, wie die Bürowelt und deren Funktion neu konzipiert werden können, damit der Mensch sich auch in seiner Arbeitswelt wohler fühlt und sich nicht mehr als Arbeitspferd empfindet.

## 5. Der Manager als Therapeut

Der Abteilungsleiter oder der Verwaltungsdirektor einer Schule oder eines Krankenhauses muß sich sehr oft mit den psychologischen Problemen seiner Mitarbeiter beschäftigen, denn er muß die psychische Situation beobachten, optimistisch sein, die Rollen auch einmal vertauschen können und Angestellte in andere Positionen bringen, wenn er merkt, daß der Mitarbeiter nicht richtig eingesetzt ist. Wie man mit Hilfe von modernen Motivationsideen solche Probleme lösen kann, zeigt dieses Kapitel.

## 6. Der Manager als der Gemanagte

Im Gegensatz zu den normalen Prozeduren, bei denen der Manager durch ein Trainingsprogramm gewalzt wird, wo man ihm beibringt, wie man beaufsichtigt und managt, haben wir die Idee entwickelt – die sich auf neueste Erkenntnisse stützt –, daß die Menschen, die gemanagt werden, oft selbst das bessere Funktionieren des Chefs oder des die Aufsicht führenden Angestellten erreichen können.

## 7. Der spekulative Manager

Die Menschen müssen im täglichen Leben lernen, wie man spekuliert, wie man Lotterie spielt, wie man lernt, zu vermuten und zu raten, ohne sich immer hundertprozentig sicher zu sein. Systemanalyse und die Wahrscheinlichkeitstheorie gewinnen immer größere Bedeutung. Spekulative Ideen können auch in der Arbeitswelt verwendet werden.

## 8. Der Manager als Philosoph

Der Manager von morgen muß sich mit Werten wie Philosophie, Moral und sogar Religion beschäftigen, ganz unabhängig davon, wo er arbeitet, und womit er sonst zu tun hat.

## 9. Der nonkonformistische Manager

Systemzwang zu durchbrechen, seine Rolle und nicht die der Organisation zu spielen, also die Transaktionsanalyse zu verwenden, kann auch dem Manager wertvolle Aufschlüsse geben. Spielt der Manager die Rolle eines Kindes, eines Erwachsenen, des Vaters oder der Mutter? Was ist oder was sollte seine Rolle nach seiner eigenen Vorstellung und der seiner Vorgesetzten und Mitarbeiter sein? Soll er wirklich die Rolle eines Chefs spielen? Wieweit ist der Manager ein Kind? Die Gefahren und Vorteile von Unabhängigkeit!

## 10. Die Arbeit als Grundlage für einen neuen Lebensstil

Wie lernt man, während man arbeitet? Wie findet man zu sich selbst? Wie kann man die Umgebung in einem Büro oder in einer Fabrik dem Individuum anpassen? Wie kann man sich auf die Zukunft einstellen und den Zukunfts-Schock*) vermeiden? Wir müssen lernen, die Welt der Technologie und der Computer und die ständig wachsende Automation zu bewältigen und zugleich unsere Humanität zu bewahren, ja zu intensivieren. Wir sind die Herren der Umwelt, nicht umgekehrt.

Das Buch will zeigen, daß der Manager zu lernen hat, sich so zu sehen, wie er wirklich ist, daß er sich zunächst einmal ausziehen muß, um sich dann neue Kleider anzulegen, die besser in die Welt passen, in der er heute lebt. Die moderne Auffassung versucht, Produktivität und Profit mit Vergnügen, Spaß, Kultur und Freude am Leben zu verbinden. Wir werden in diesem Werk die neuesten Erkenntnisse zur Diskussion stellen, die mit dieser neuen Rolle zusammenhängen. Viele Anregungen kommen dabei aus Gebieten, die nicht direkt etwas mit Management zu tun haben, sondern mit neuen Lerntechniken, Lernmethoden zur Kunsterziehung und sogar mit Psychotherapie und Kinderpsychologie.

*) *Alwin Toffler*, Zukunftsschock, Scherz-Verlag, München.

# Was Sie von diesem Buch lernen können!

Ich habe immer die Meinung vertreten, daß ein Autor eigentlich in der Lage sein müßte, auf ungefähr einer Seite zusammenzufassen, was er in einem Buch sagen will. Wenn diese Zusammenfassung interessant genug ist, wird man – so hoffe ich – weiterlesen. In verschiedenen Gebieten, wie Erziehung, allgemeine Semantik, Systemtheorie, der modernen Psychotherapie, den neuen Ideen über Wertbegriffe, der Realitätstherapie, neuen Methoden der interpersonellen Beziehung und denen, wie heute Kunst unterrichtet wird, haben wir nach neuen, revolutionären Ideen gefahndet und die Ergebnisse in unseren 10 Punkten zusammengefaßt. Wir haben dabei gelernt, nicht mehr so davon besessen zu sein, Ziele direkt zu erreichen und so indirekt oft den gewünschten Erfolg zu haben. Moderne Pädagogen vertreten die Erkenntnis, daß die Befreiung von Hemmungen und das Gefühl größerer Beweglichkeit wichtiger sind als die relativ unwichtige Einübung kleiner Details und Faktenwissen. Ich habe die gesamte Literatur nach neuen Wegen in diesem Sinne durchgearbeitet und das wertvollste Material in den Büchern gefunden, die nichts direkt mit Management zu tun haben.

Ich bin von wirklichen Erneuerungen und Änderungen auf dem Managementgebiet überzeugt. Ich habe deshalb auch diesem Buch den Titel „Der nackte Manager" gegeben, Management ohne Systemzwang. Es soll verdeutlichen, wie wichtig es ist, althergebrachte Denkmodelle zu durchbrechen und den Manager mit Schlüsseln zu versehen, die ihm die Möglichkeit geben, die

Schatzkammer der menschlichen Natur und der Realitäten von heute aufzuschließen. Das Buch möchte eine Anleitung zu einem Management ohne Zwangsjacke sein. Wenn Sie bereit sind, diese vielleicht schockierenden neuen Ideen unvoreingenommen zu prüfen, werden Sie das Buch sicher mit Gewinn lesen. Mir ist aber auch klar, daß vieles bei Ihnen zunächst auf Widerstand stößt, zumindest eine Fülle von Fragen auslöst. Deshalb habe ich an jedes Kapitel ein Gespräch mit dem Leser hinzugefügt, das Ihnen den richtigen Weg zum Verständnis und zur Verwirklichung dieser neuen Vorschläge zeigen soll.

*Ernest Dichter*

## Einführung

Als Hitler Speer zu seinem Rüstungsminister machte, protestierte Speer und sagte, daß er doch nicht einmal den Unterschied zwischen einer Granate und einer Patrone erkennen könne. „Dies ist genau der Grund, warum ich Sie gewählt habe", sagte Hitler. „Als Architekt sind Sie gewohnt, dreidimensional zu denken. Das ist genau das, was für die Planung von Rüstungsfabriken benötigt wird." Die gewohnte Art der einflächigen, systematischen Planung auf dem Gebiet der Rüstung funktioniert in einem modernen Krieg nicht mehr. Wenn auch der teuflische Zweck dieser Wahl auf das Entschiedenste zurückgewiesen werden muß, so zeigt Hitler doch einen gewissen Grad von genialer Einsicht in die Probleme des modernen Managements.

Die meisten Bücher über Management sprechen immer nur von einem „*zielgerichteten* Management", während in Wirklichkeit oft das Ziel nicht sehr klar ist und man daher eigentlich nur vom Managementerfolg oder -mißerfolg sprechen kann. Viel zu viel Gewicht wird oft auf das Ziel, auf das Endergebnis, das Endprodukt gelegt, statt auf die heimtückischen und gefährlichen Fallen, die auf dem Wege dorthin lauern und meistens psychologischer Art sind. Nicht selten werden Managementziele aufgestellt, um auch einem bestimmten Vorgesetzten oder Abteilungsleiter mit seinen Idiosynkrasien und Ängsten gerecht zu werden und nicht allein wegen der Produktivität.

Eine moderne Firma ist wie ein Labyrinth von emotionalen, inneren und äußeren Intrigen und Egoverwicklungen. Viele Betriebe erinnern an ein Sanatorium, dessen Insassen verschiedene Formen von Psychosen und Neurosen haben. Sie versuchen, die Kilometersteine des Planungsprozesses zu umgehen oder sogar anzufahren, wobei sie oft selbst scheitern.

Mit den 10 in diesem Buch gezeigten Methoden soll aufgezeigt werden, wie modernes Management wirklichkeitsnah aussehen bzw. betrieben werden kann. Dabei wird auf die altehrwürdigen Lehrsätze bewußt verzichtet. Wie man erreicht, mit einer Vielzahl psychologischer Probleme fertig zu werden oder diese zu seinem Vorteil ummünzt, wenn man sie richtig erkannt hat, ist der Hauptzweck dieses Buchs. Einige dieser neuen Managementideen sind zunächst schockierend und stehen im vollkommenen Widerspruch zu dem, was bis jetzt von so bekannten Institutionen wie der „Harvard-Business-School" gelehrt wurde. Die jahrzehntelange Erfahrung hat uns aber gezeigt, daß psychologische Kenntnisse einen wichtigen Faktor darstellen, wenn dies auch größtenteils bis heute nicht voll anerkannt wird.

Wenn man dem Manager von morgen seine oberflächliche Uniform auszieht, muß er seine alten Ideen fallenlassen; erst dann kann er mit neuen fortschrittlichen Ideen eingekleidet werden.

Was immer die Funktion eines Managers ist, er wird sich ziemlich weit von seinem eigentlichen Gebiet entfernen müssen. Steht er z. B. einer Firma vor, die sanitäre Produkte, wie Badewannen, Waschbecken etc., produziert, so wird er zunächst für sich und seine Mitarbeiter erkunden müssen, wie sich möglicherweise ihre Interessen ausdehnen lassen. Beispielsweise könnten sie sich mit Innenarchitektur und Gestaltung oder mit Kulturgeschichte beschäftigen. Die Aufgaben des Managements, wie sie bisher gesehen wurden, sind viel zu begrenzt. Eine Wandlung des Lebensgefühls kann auch zu Wandlungen und Änderungen z. B. der Badezimmerform und -einrichtung führen. Viele der hierfür sorgfältig entwickelten logischen Methoden sind, um optimale Resultate zu erzielen, ständig durch noch bessere und noch sorgfältigere ersetzt worden.

Das läßt uns immer argwöhnischer im Bezug auf die zielgerichteten Managementsysteme werden.

Die Frage nach dem Sinn des Lebens, die immer drängender auch in der Arbeitswelt gestellt wird, ist ein faszinierendes Phänomen. Zwangsläufig ergibt sich daraus die Notwendigkeit, die Arbeit zu vermenschlichen, Langeweile zu vermeiden, das Fließband weitgehend abzuschaffen. Mit anderen Worten: Die heutigen Menschen weisen die meisten Errungenschaften der modernen industriellen Gesellschaft als zweifelhaften Gewinn zurück.*)

Höchste Zeit, sich auf die Werte, die auch heute von den Mitarbeitern verstanden und akzeptiert werden, zu besinnen. Dieses Buch will sie im Büro und Fabrik erfolgreich einsetzen, d. h. die Industrieleute müssen sich an diesen Werten orientieren. Sie sollten sie dann modifiziert und mit Verbesserungen versehen auf alle anderen Aspekte des menschlichen Lebens wieder zurückstrahlen lassen.

*) Vergleiche hierzu auch *Jungk*, Der Jahrtausendmensch, Bertelsmann, 1973

„Sie haben gut reden, Herr Dichter,
25 Jahre Berufserfahrung kann man nicht so einfach abschütteln."

# I. Der unlogische Manager

Einige Funktionen des Managements lassen sich am besten mit dem Vorgang, wie man zeichnen lernt, vergleichen. Die übliche, aber etwas veraltete Methode ist, sich auf das Objekt zu konzentrieren und eine optimale Ähnlichkeit zwischen dem Objekt, das man zeichnet und dem Resultat auf dem Papier oder auf der Leinwand herzustellen. Aber wenn man etwas darüber nachdenkt, fängt man besser damit an, sein Handgelenk und seinen Arm zu lockern. Die meisten modernen Zeichenlehrer geben dem Schüler große Bogen Papier und lassen ihn so lange riesige Kreise zeichnen, bis er die Furcht verloren hat. Eine andere Übung, die häufig gemacht wird, ist die, daß man ganz intensiv versucht, sich in die Konturen des zu zeichnenden Objektes hineinzuprojizieren und das Papier bloß als eine Art von Unterlage verwendet, um den Pinsel oder die Kohle auf etwas ruhen zu lassen. Psychologisch gesehen zeichnet man also nicht wirklich auf dem Papier. Man läßt den Pinsel oder die Kohle vielmehr den Konturen des dreidimensionalen Gegenstandes folgen.

Wenn wir diese Idee etwas weiterführen, dann sind die weiteren Lektionen damit ausgefüllt, darauf hinzuwirken, daß man die allgemeine Bewegung einfängt. In gewissem Sinne wird man also aufgefordert, den Kopf nach links oder nach rechts zu drehen und sich in die Situation z. B. eines galoppierenden Pferdes, gehenden Mannes oder eines Stillebens hineinzufühlen. Man soll sich nicht besonders darum kümmern, ob die Wiedergabe des Porträts wirklich realistisch ist.

In weiteren Lektionen wird man aufgefordert, zu versuchen, alle Formen, Schatten und Licht festzuhalten. In diesem Sinne heißt Zeichnenlernen, die Probleme nicht in einer sezierenden, logischen und anatomischen Form zu bearbeiten, sondern in total ganzheitlicher Form zu erfassen. Wenn wir diese Idee auf das Management übertragen, dann heißt das, daß man seiner Intuition mehr oder weniger folgen und dabei die Ganzheit immer im Auge behalten soll.

Nehmen wir einmal an, daß ein Manager einen neuen Job angetreten hat. In dem Fall müßte er versuchen, den Rahmen, die gesamte Kontur, sozusagen die Bewegung des Produkts, der Firma, der Verhältnisse, der Mitarbeiter untereinander einzufangen. Eine Möglichkeit, dies zu tun, ist tatsächlich, davon ein Bild zu entwerfen, wie man die Firma sieht, für die man arbeitet oder arbeiten wird. Man könnte sie als Dreieck zeichnen, wobei jemand oben an der Spitze sitzt, oder vielleicht als umgekehrtes Dreieck, wo jeder oben sitzt und nur ein oder zwei Leute unten sitzen, auf denen die ganze Last ruht. Eine weitere Möglichkeit wäre, die Firma als Klumpen darzustellen, der nur so da ist, von dem aber keine Bewegung ausgeht. Hat diese Firma Wurzeln? Reicht sie bis in den Himmel?

Wenn man diese Überlegungen weiterspinnt, wäre es gut, mehrere Mitarbeiter des Unternehmens solche nicht verbalen Ausdrucksformen und imaginären Übersetzungen der Firma oder der damit verbundenen Managementprobleme entwerfen zu lassen und dann zu sehen, inwieweit die verschiedenen Leute einen gemeinsamen Nenner für das Unternehmen entdecken.

Sobald ein solches statisches oder dynamisches Seelenporträt der Firma erstellt ist, könnte man den Test weiter ausbauen, indem man die häufig vorkommenden Zeichnungen nimmt und sie Leuten innerhalb und außerhalb des Unternehmens und aus den verschiedensten Arbeitsbereichen zeigt und sie fragt, mit welchen dieser Zeichnungen sie sich identifizieren können und mit welchen nicht.

Eine Firma, die Menschen, die mit ihr verbunden sind, und deshalb auch das ganze Management-Konzept ist mit einer Skulptur vergleichbar. Sie besteht nicht aus unzusammenhängenden individuellen Elementen, sondern ist normalerweise eine lebende Struktur.

Kommen wir jetzt zu einer zweiten Serie von Übungen: Bei diesen Übungen soll man herausfinden, wo es Ansatzpunkte, Hebel gibt. Wo kann man ansetzen, wenn man den ganzen Betrieb in Bewegung setzen oder notfalls über den Haufen werfen will? Reichen seine „Wurzeln" sehr tief? Ist die Firma falsch ausgerichtet, etwa wie eine Plastik, die niemals Sonne bekommt und daher nicht durch das Spiel von Licht und Schatten sich voll entfalten kann? Ein guter Manager zu sein, heißt nach diesen ersten grundlegenden Prinzipien, alle seine Sinne einzusetzen und nicht bloß das Produkt oder die Mitarbeiter zu sehen, sondern sie voll zu erfassen, also zu berühren (wenn auch nur im geistigen Sinne), zu riechen, zu hören. In Wirklichkeit ist das viel komplizierter, als wir normalerweise annehmen.

Jeder Manager, der die Aufgabe hat, irgendein Produkt herzustellen, speziell auf technischem Gebiet, aber auch auf dem Konsumgütergebiet, sollte lernen, eine persönliche Beziehung zu dem Produkt herzustellen, das seine Firma erzeugt. Es ist sehr interessant, wie oft ein Produktmanager überrascht ist, wenn er tatsächlich seine Kunden beobachtet, wie sie mit seinem Produkt umgehen. Erst kürzlich haben wir die Reaktion in bezug auf Hundefutter studiert. Wir stellten fest, daß die Konsumenten zunächst einmal die Dose schüttelten, sie dann in ihrer Hand wogen. Die erste Reaktion war, daß die Dose sich zu leicht anfühlte. Der Geruch war ein weiterer wichtiger Aspekt.

Können Sie ein Bild von der Ware zeichnen, mit der Sie zu tun haben? Wenn es ein kompliziertes Produkt ist, können Sie es blind auseinandernehmen und wieder zusammensetzen? Moderne Kunstkurse sprechen von einer „Blitzpose". Es wird hier die Aufgabe gestellt, innerhalb von einer Minute alles aufzuzeichnen, was Sie in einem Modell sehen können. Auch wenn man kein Künstler ist, könnte diese Methode für jeden Manager interessant sein. Er könnte auf diese Weise seine Kollegen und Mitarbeiter betrachten und erhielte so ein Bild der eigenen, tatsächlichen Gefühle für diese Menschen und ihre besonders stark empfundenen Eigenheiten.

Sieht man sie als steife, unbewegliche Personen, oder sieht man sie als einfache, unkomplizierte Wesen? Den gleichen Effekt können Sie erzielen, wenn Sie von verschiedenen Aufnahmegeräten Stimmen Ihrer Mitarbeiter heraussuchen und mit lauter oder leiser passender rhythmischer oder arhythmischer Musik koppeln. Ebenso könnte das mit Kunden getan werden, mit denen Sie ständig zu tun haben. Durch dieses Experiment läßt sich herausfinden, ob man die richtigen oder falschen Melodien im weitesten Sinne des Wortes verwendet hat, um mit diesen Menschen richtig zu kommunizieren.[*])

Eine andere Möglichkeit, die ebenfalls den Methoden des modernen Kunstunterrichts entnommen wurde, ist die, Menschen und Produkte oder Ideen, mit denen sie arbeiten, in einem „Gewichtssinn" zu erfassen. Sind sie leicht? Sind sie schwer? Sind sie glatt? Eine weitere Adaption ist die, die Umrisse und die typischen Gesten einer Person zu zeichnen, ohne besonders an die Kleidung zu denken. Das Resultat wäre, daß die Menschen, die man so zeichnet, einem näherkommen und man einen besseren Kontakt zu ihnen erhält. Bei diesen verschiedenen Übungen, die wir hier vorgeschlagen haben, haben wir uns mit Absicht ganz von den üblichen Managementprinzipien, die in den meisten Fällen zu sehr auf der logischen Positionsstellung oder Rolle eines Individuums in einer hierarchischen Betriebstruktur beruhen, gelöst. Wir wollen vielmehr dazu an-

---

[*]) Ein teilweise sehr gelungenes Beispiel dafür ist die in der Bundesrepublik kürzlich hergestellte Schallplatte, auf der Reden von prominenten deutschen Politikern mit entsprechender Musikuntermalung zu hören sind.

leiten, sich mehr auf seine intuitiven Kontakte zu besinnen und so auf eine bessere Art und Weise als Manager Führungsaufgaben übernehmen und auf natürliche Weise Einfluß und Kontrolle ausüben zu können.

Der Manager muß in Wirklichkeit in vielen Fällen unlogisch sein, d. h., er braucht in der Realität Suggestionen und Ideen, die ihm helfen, leichter Schwierigkeiten in seinem Betrieb zu überwinden, mit Hilfe eben solcher mehr intuitiver und fast irrationaler Methoden. Hier sind 5 geeignete Möglichkeiten:

*1. Billigen Sie sich bei all Ihren Plänen eine zusätzliche Fehlerquote zu*

Sie haben z. B. eine genaue Kostenaufstellung oder einen Zeitplan gemacht. In dem Falle wäre es interessant, herauszufinden, wie oft solche Pläne wirklich eingehalten werden. Die Statistiken, die wir kennen, zeigen, daß, ungeachtet dessen, wie klar diese Ziele definiert werden, die Kosten in den meisten Fällen zumindest 20–30% höher liegen und die Herstellung der Projekte viel länger dauert und daß schwerwiegende Fehler gemacht werden, die niemand voraussehen konnte.

Sogar die grandiose Planung des Concorde-Flugzeuges hat die Kosten um mehr als 50% unterschätzt, weil man nicht damit gerechnet hat, ja nicht damit rechnen konnte, daß eine Reihe von Fluglinien, die vorher ihr starkes Interesse bekundet hatten, wieder von diesem Vorhaben zurücktreten würden. Das Ergebnis war eine fast vollständige Katastrophe, trotz einer mustergültigen, vorsichtigen Planung. Der realistische Manager sollte also in all seinen Plänen mindestens 20–30 Prozent für Irrtümer und Fehlkalkulation einkalkulieren. Er wird damit eine Menge Ärger und Schwierigkeiten für sich und seine Firma vermeiden.

*2. Was würden Sie tun, wenn Sie ein Esel wären (oder auch einer Ihrer Mitarbeiter)?*

Sie haben z. B. alles sehr sorgfältig Ihrer Sekretärin oder Ihrem Assistenten erklärt. Nachdem Sie nun aber die Arbeit zurückerhalten haben, zeigt sich, daß sie voller Irrtümer und Fehler steckt und alles andere als die perfekte Durchführung Ihrer Anweisung ist.

Der Autor *Castaneda* schildert in seinem neuen Buch „Voyage to Ixtlan", wie er Lektionen von einem Yaqui-Indianer erhalten hat mit Hilfe von halizogenen Schwämmen, die für Zauberkünste und Schamanismus verwendet wurden. Er erwähnt die Schwierigkeit, daß man den Kulturrahmen des rationalen, sogenannten vernünftigen westlichen Mannes nicht ohne weiteres auf die vollkommen irrationale Welt einer anderen Kultur übertragen kann.

Als Manager oder als Chef müssen Sie oft eine vollkommen andere Sprache sprechen als Ihre Mitarbeiter. Sich durchzuwinden, kann dadurch erleichtert werden, daß man schon vorher herauszubekommen versucht, wo irgendeiner u. U. Fehler machen könnte. Instruktionen sollten daher eigentlich „idiotensicher" sein. Anstatt sich selbst zu sagen: „Das ist so klar, und jeder muß es verstehen können", müssen Sie lernen, den Idioten zu spielen, so unzumutbar das auch klingen mag.

Sie sollten zusätzlich mit Ihrer Sekretärin die Planung Ihrer Arbeit durchgehen, z. B. eine Reise: Sie kommen zu einer bestimmten Stunde in einer fremden Stadt an und müssen eine Ihnen unbekannte Person in einem Büro aufsuchen. In letzter Minute stellen Sie fest, daß die gesuchte Person gar nicht dort ist. Was tun? Sie versuchen, ihn zu Hause zu erreichen. Aber er hat eine Geheimnummer. Die Nummer wird Ihnen nicht bekanntgegeben. Oder der Hotelservice ist so schlecht, daß Sie Stunden brauchen, bis Sie ein Telefonbuch oder Informationen bekommen. Hätte Ihre Sekretärin alle diese Möglichkeiten in

*Die Wirkung höflicher Gesten sollte man als Chef
nicht unterschätzen*

Betracht gezogen, dann hätte Sie Ihnen wahrscheinlich schon
vorher die Privatnummer und die Anschrift der Person auf
einem Zettel mitgegeben. Viel Ärger wäre Ihnen dadurch er-
spart geblieben. Sehr schnell hätten Sie herausfinden können,
warum der Mann sein Rendezvous nicht eingehalten hat.

### 3. Alternativpläne sollten vorgesehen werden.

Sie haben alle Schritte, die logisch vorausgesehen werden
können, in Ihrer Management-Strategie berücksichtigt, aber Sie
haben es versäumt, auch Alternativen durchzudenken, falls
irgendetwas nicht so verläuft, wie Sie es vorausgeplant hatten.

Viele Generäle haben wichtige Schlachten verloren, weil sie solche Möglichkeiten nicht in Betracht gezogen haben. Wir brauchen uns nur an die Maginot-Linie zu erinnern, wo die französischen Kanonen nicht herumgedreht, sondern nur nach Deutschland gerichtet werden konnten. Im tatsächlichen Ernstfall umgingen die deutschen Truppen dieses Bollwerk und griffen es nicht frontal an, wie man es logischerweise erwartet hatte.

Machen Sie eine Aufstellung von allen möglichen Fehlerquellen: Jemand könnte krank werden. Ein Unwetter könnte Ihre Pläne durchkreuzen. Sie selbst könnten erkranken. Sogar die Möglichkeit, daß plötzlich nicht genügend Material, z. B. Schreibpapier oder Tonbänder etc. vorhanden wäre, müßte in Betracht gezogen werden. Trotz aller Vorsicht werden Sie immer noch völlig unerwartete Entwicklungen übersehen. Immerhin haben Sie alles getan, was Sie tun konnten. Die so plötzlich gekommene „Energiekrise" z. B. ist ein guter Beweis für die Wichtigkeit dieser Vorsorge.

## 4. Erleichtern Sie den Arbeitsablauf

Lassen Sie einige Dinge immer für den nächsten Tag liegen. Was wir empfehlen, ist eigentlich schockierend: Normalerweise handelt man nach dem Sprichwort: „Was Du heute kannst besorgen, verschiebe lieber nicht auf morgen!" Wir empfehlen eigentlich genau das Gegenteil: Was man heute nicht erledigen kann, sollte man auf morgen verschieben. Der Grund dafür ist folgender: Mit einer neuen Aufgabe anzufangen, ist viel schwieriger, als eine bereits begonnene weiter fortzusetzen. Viele Handwerker z. B. praktizieren diesen kleinen Trick oft zum Ärger ihrer viel puritanischeren und ordentlicheren Arbeitgeber. Sie sagen empört: „Hätten Sie nicht noch etwas länger bleiben können, damit die Arbeit fertig wird." Wer hat recht?

Nachdem wir uns vorgenommen haben, zu zeigen, wie das Management wirklich vorgeht, und nicht, wie es vorgehen sollte, sind wir eher geneigt, psychologische Experimente zu zitieren, die zeigen, daß halbbeendete Aufgaben eine Art von Spannung hinterlassen, die eine Lösung provozieren. Sie helfen sich also selbst, psychologisch gesehen, damit, wenn Sie eine Reihe automatisch funktionierender Tricks benutzen. Sie erleichtern sich damit die Arbeit, und Sie können dadurch mehr Aufgaben erledigen, als wenn Sie im herkömmlichen Sinne immer schön eines nach dem andern tun.

Eine Mutter, die ihre Kinder in ein Kinderheim geschickt hatte, machte folgendes Experiment: Sie gab ihren Kindern Briefe mit, in denen die ersten Sätze schon geschrieben waren. Der Anfang lautete etwa: „Liebe Eltern! Mir geht es gut ..."

Diese Idee wurde inzwischen schon von einer Papierfabrik aufgegriffen, die solche Briefbogen druckt, die Eltern ihren Kindern mitgeben können.

### 5. Seien Sie ein Fatalist!

Wer ein intensiver Arbeiter ist, hat die Überzeugung, daß, wenn er seine Arbeit nicht systematisch plant, er sie auch nicht vollenden kann. Als ich zum erstenmal mit einer etwas germanischen Neurose von Logik und Fleiß von Österreich nach Frankreich kam, war ich entsetzt, als ich sah, daß die Franzosen während der Arbeit Wein trinken und im allgemeinen unaufmerksamer waren und schlampiger, ja fast etwas degeneriert aussahen. Aber irgendwie hat es in Frankreich auch immer funktioniert. Es gab dort sogar einen Napoleon oder einen De Gaulle, und Paris ist eine der schönsten Städte der Welt. Und das alles trotz oder gerade wegen des Mangels an preußischer Planung und Zielstrebigkeit.

Man sollte ruhig zugeben, daß nach gewisser Zeit auch Post, die nicht erledigt wurde, überholt ist und daß Dinge, über die man sich Sorgen gemacht hat, durch vollkommen unerwartete Ereignisse gegenstandslos werden.

Der moderne Landwirt besucht heute eine Landwirtschaftsschule oder studiert, um in seinem Beruf auch die neuen wissenschaftlichen Erkenntnisse anwenden zu können. Er plant alles bis ins letzte Detail. Dann gibt es plötzlich eine Dürre oder eine Überschwemmungskatastrophe, oder eine bisher unbekannte Krankheit oder Insekten tauchen auf, die seine Ernte vernichten. Er muß schon ein professioneller Fatalist werden, um emotionell seine Schwierigkeiten trotz seiner wissenschaftlichen Ausbildung meistern zu können.

Leser:
*Sie, als Autor, haben leicht reden. Sie sollten meinen Chef kennenlernen. Der besteht darauf, daß alles genau nach Fahrplan festgelegt ist.*

Autor:
*Legen Sie sich ein Tagebuch an, um festzustellen, wieviele der früheren Pläne tatsächlich rechtzeitig fertiggeworden sind. Wie steht es mit dem Anfangs- bzw. Anlauftempo und der Eile vor dem Endtermin? Oft haben wir versucht, Termine möglichst schnell zu erfüllen, um sie dann nochmals überarbeiten zu müssen.*

Leser:
*Woher kommt eigentlich dieser Terminfimmel, der fast in eine Neurose ausarten kann?*

Autor:
*Sie haben recht. Wir haben alle Angst vor unausgerichteten oder etwas chaotischen und nicht ganz geraden Wegen bzw. Arbeitsweisen. Ordnung gibt uns das Gefühl der Sicherheit, das aber sehr trügerisch ist. Wir versuchen immer am 1. eines Monats, am 15., zu Anfang des Jahres oder in sonstiger Weise Zäsuren, Anfänge oder Endziele zu schaffen. Wie es jetzt in der Arbeitswelt zunehmend Gleitzeit gibt, könnte man auch Gleittermine einführen.*

*So hat eine Schiffahrtslinie die festen Abfahrts- und Ankunftszeiten durch ein- bis zweitägige lockere Fristen ersetzt. Die wirkliche Idee dieses Kapitels und auch der folgenden ist die, sich und die Mitarbeiter von der gewohnten Arbeitsweise abzubringen. Das muß natürlich etappenweise geschehen. Zu viele Pläne werden nicht verwirklicht oder gar nicht angefangen, weil man zu systematisch vorgeht. Ein gutes Beispiel sind hier die Fremdsprachen. Viele Sekretärinnen oder andere Mitarbeiter könnten eine zweite oder dritte Sprache gut gebrauchen. Leider beginnen zu viele Sprachkurse mit Grammatik, anstatt*

mit natürlichen, täglich verwendbaren Sprach- und Vokabel-
übungen. In Hotelzimmern könnten alle Gegenstände oder
Möbel mit Täfelchen in der Landessprache versehen werden.
Man kann sich auch Kärtchen machen, die neuen Worte steckt
man in die linke Tasche, die gelernten in die rechte. Wann
immer man Lust hat, kann man so lernen, ohne die Zeit für
eine Lektion festzulegen. Auch im Fabrikbetrieb könnten
Maschinen hübsche Namen haben und individuell ausgestaltet
werden. In einer Gymnastikschule für Frauen wurde zunächst
der Stundenplan abgeschafft. Die Frauen zahlen einen Betrag
für 4 Monate ein und können dann beliebig oft, wann immer
sie Zeit haben, kommen und die Gymnastikapparaturen benutzen. Dieser Mangel an Zwang wirkt besser als ein steifer
Plan. Bei den Apparaturen befinden sich Plakate, die eine Art
Dialog mit der „Schülerin" durchführen. „Ich heiße Lilly, und
ich habe es am liebsten, wenn man auf mir 10 Minuten sitzt
und dabei richtig ins Schwitzen kommt" usw.

Unlogischer Manager zu sein, heißt auch, des öfteren von
seinem gelernten Beruf abzuspringen. Lesen Sie den Finanzteil
Ihrer Zeitung, auch wenn Sie ihn zuerst nicht ganz verstehen.

Nach einigem Nachschlagen in einem Buch wird vieles klarer,
und Ihre Zeitung ist jetzt viel mehr wert.

Machen Sie berufliche oder Interessen-Seitensprünge. Ziehen Sie
sich ganz anders an: einen hellen Anzug im Winter vielleicht.
Was ich vorschlage, ist „geplante Unplanung". Planwirtschaft
hat auch auf dem ökonomischen Gebiet fehlgeschlagen. In fast
allen kommunistischen Ländern hat zentralistisches Planen zur
bürokratischen „Knechtschaft" und zu Knappheiten geführt, die
auch in über 50 Jahren nicht abgeschafft werden konnten.

Leser:
Also, wenn ich Sie richtig verstehe, soll ich mich vom Zwang
der Uhr, des festen Termins, loslösen? Wird dies aber nicht zu
einem totalen Durcheinander führen? Wird dann überhaupt
etwas erreicht?

Autor:
*Natürlich muß es eine Art Allgemeinplan geben, aber mein Vorschlag geht dahin: Um kreativer zu werden, kann man durchaus die Spannen vergrößern, im übertragenen Sinne das Handgelenk lockern, für sich selbst und auch für seine Mitarbeiter. Sehen Sie, schon dieser Dialog zwischen mir und Ihnen, dem Leser, ist bereits ein Beispiel einer Auflockerung des autoritären Verhältnisses zwischen dem Experten und dem Schüler. In Wirklichkeit lernen beide voneinander.*

Leser:
*Könnte ich ein Rezept haben, um das unlogische Managen zu praktizieren:*

Autor:
*Ja.*

*1. Einmal am Tag etwas Ungeplantes, Ungewöhnliches tun.*

*2. Einmal in der Woche eine Gewohnheit ändern, auch wenn es nur Baden, Essen oder auch Arbeitsgewohnheiten betrifft.*

*3. Interessieren Sie sich für etwas, das Sie immer als nicht für Sie in Betracht kommend angesehen haben, z. B. Lokalpolitik, einen ungewöhnlichen Beruf, ein Interview mit einem Mitarbeiter über sein Leben, ein neues Hobby.*

*4. Legen Sie einen Sammelband mit verrückten Ideen an, die Sie gelesen oder gehört oder selbst erfunden haben.*

„Zielfixierung . . .“

## II. Der Auslösefaktor – Die Zielfixierung

Überlassen Sie dem Finger am Abzug das Zielen!
Die japanischen Bogenschützen und deren Lehrer geben Ihnen
den Rat, den Pfeil ungefähr auf das Ziel zu richten, aber sich
dann einfach zu entspannen und Bogen und Arm die genaue
Fixierung zu überlassen. Es gibt wahrscheinlich eine wissenschaftliche Erklärung dafür, daß, bei Einführung in die von
einigen Autoren als „trunkenes" Denken bezeichnete Einstellung, anstelle des bisherigen üblichen nüchternen und rationalen
Denkens, die notwendigen Korrekturen ganz von selbst durchgeführt werden.

Was wir als zweite wichtige moderne Management-Technik
vorschlagen, ist im Gegensatz zu der herkömmlichen Literatur
nicht zielgerichtetes Management, sondern ein Management mit
ungefährer Zielgebung. Wenn man sich zu konzentriert auf
seine Objekte einstellt, kann man unter Umständen den Zweck
vollkommen verfehlen. Man sollte – um bei unserem Bild zu
bleiben – sich als Management-Ziele nicht scharf umrissene
schwarze Zielscheiben vorstellen, sondern mehr allgemeine Um-
rahmungen, die Ihr Management-Pfeil irgendwie treffen sollte,
ohne nun unbedingt immer im „Schwarzen" zu landen.

Man kann es auch anders ausdrücken: Geben Sie sich doch die
Erlaubnis, Mißerfolge zu haben. Sie werden dann vielleicht
öfter Erfolg haben, als Sie glauben. Betrachten Sie Ihr Manage-
ment-Ziel eher als ein Lotteriespiel, machen Sie es zu einer
Erfolgs- bzw. Mißerfolgsprozedur. In einer Studie fanden wir
heraus, daß größere Produktivität erzielt wurde, wenn das
Management aufgefordert wurde, die Extra-Zeit, die sie für
eine Arbeit verwendeten, fast wie das Geld, das man für ein

Lotteriespiel bezahlt, zu betrachten. Diese Extra-Arbeit kann Gewinn oder Verlust bringen, aber die Investition ist das Risiko wert. Anstatt Überstunden als Pflichtübung oder ein moralisches Ziel anzusehen, haben wir ein Spiel daraus gemacht. Ein Managementziel auf Zick-Zack-Kurs erreichen zu wollen, könnte von einigen Zynikern einfach „durchwursteln" genannt werden. Aber wir fangen an, einzusehen, daß sehr oft Personen, die eine nonchalante Haltung haben, in einer wirklichen Krisensituation oder im Konkurrenzkampf mit anderen Firmen rascher Erfolg haben.

Ein solcher Manager löst sich von dem krampfhaften Zwang, ein genau fixiertes Ziel erreichen zu müssen, und davon, daß ihn nichts davon abbringen darf, die einmal gestellte Aufgabe zu erfüllen. Man könnte fast sagen, daß eine etwas magische Management-Theorie darin besteht, wie ein schielender Richter zu fungieren. Um den Zeugen, der rechts sitzt, anzusprechen, fixiert er den, der links von ihm sitzt. Das heißt, sich mit Problemen zu beschäftigen, die nicht unbedingt mit der unmittelbaren Aufgabe etwas zu tun haben, sondern vielleicht daneben liegen. Viele Fehler entstehen deshalb oder werden erst dadurch richtig gefährlich, weil wir immer einen Sündenbock suchen. Nehmen wir an, daß wir einen Management-Posten in einer neuen Firma annehmen. Unsere spezielle Aufgabe ist es, herauszufinden, warum die Gewinne nicht hoch genug sind. Die normale Reaktion ist, die Abteilungen, die nicht genügend umgesetzt haben, unter die Lupe zu nehmen und sich von diesen zu trennen. Im übertragenen Sinn heißt dies, das sinkende Schiff von seinem unnötigen Ballast zu befreien.

Hätte sich der Manager zunächst einmal ein bißchen umgeschaut, wäre er vielleicht weniger hypnotisiert von seinen Aufgaben gewesen, die er zu erfüllen versucht hat. Er hätte vielleicht festgestellt, daß seine eigene Rolle nicht klar genug definiert war, daß darüber hinaus eine ganze Reihe von Mitarbeitern in der Firma so unter Druck standen, eine gewisse Verkaufsquote zu erreichen bzw. einen gewissen Marktanteil zu erobern, daß Sie überhaupt keine Zeit mehr dafür fanden, ihre Talente dafür einzusetzen, neue Absatzwege oder ganz neue Produkte für die Firma zu entwickeln.

Oft finden wir auch, daß eine Erfolgsformel, die vor zwanzig oder dreißig Jahren sehr gut funktioniert hat, hartnäckig beibehalten wird, ohne daß man sich darüber klar zu werden vermag, daß sich die Zeiten inzwischen geändert haben. Der wahre Grund für die Mißerfolge von vielen Firmen ist oft die mangelnde Bereitschaft, Entwicklungen und Tendenzen am Rande der eigenen Tätigkeit zu beobachten und notfalls eine Kehrtwendung um hundertachtzig Grad zu machen.

Häufig werden eine Reihe typischer Erklärungen geliefert, warum das Management nicht funktioniert hat.
Darunter sind die folgenden: Das Top-Management meint z. B., diese Ideen würden nicht in die Branche passen, ohne dies vorher ernsthaft geprüft zu haben.

Eine andere typische Haltung ist die: Warten wir doch erst einmal ab und lassen einen anderen damit experimentieren und alle Kinderkrankheiten durchmachen. Ist die Sache dann wirklich erprobt, werden wir uns dafür interessieren. Aber meistens ist auch die Firma, die die Pionierarbeit leistet, diejenige, die den größten Marktanteil erobert und damit Gewinn erzielt.

Manager fühlen sich sehr oft gefährdet, wenn Sie von einer Konzeption oder Zielgebung abweichen, die bisher erfolgreich war. Warum an einer bereits erprobten Methode rütteln. Sie hat bis jetzt gute Resultate gebracht. Man sollte nicht unnötig Schwierigkeiten schaffen. Der progressive Manager, der sich von seinen unmittelbaren, objektiven Zielen befreien kann und ein bißchen in die Sterne schauen lernt, entdeckt sehr oft vollkommen neue Konzepte und Möglichkeiten – er ist der flexiblere und sicher auch der erfolgreichere. In einer Studie, die wir für eine italienische Bekleidungsfirma durchgeführt haben, fanden wir heraus, daß neben der Tendenz für Massenware auf dem Gebiet der Fertigkleidung für Herren es aber gleichzeitig noch eine zunehmende Zahl von Menschen gab, die aus Prestigegründen individuell geschneiderte Anzüge haben wollten. Die Firma entschied sich dann, obwohl der Haupttrend sich gegen sie richtete, auf diesem Gebiet weiterzuarbeiten, nachdem man ausgerechnet hatte, daß auf dem sich ständig verringernden Markt trotzdem noch genügend Gewinnchancen für die nächsten zehn Jahre bestanden.

Für eine andere Firma fanden wir heraus, daß eine Reihe von Produkten für den Haushalt, wie z. B. Teppichkehrmaschinen oder Schneebesen, die von den meisten Konsumenten bereits als überholt und veraltet angesehen werden, mit einer modernen Konzeption und einer intelligenten Einführung ein Comeback erleben können. Der Teppichkehrer wurde mit einer flexiblen Stange versehen und einer Taschenlampe, damit man mit ihm unter Betten und Schränken reinigen konnte, was mit dem normalen Staubsauger unmöglich war.

Ein Manager, der ein Fotogeschäft leitete, schaute sich nach neuen Möglichkeiten um und entdeckte, daß Mütter und Verwandte gleich nach der Geburt eines Babys äußerst interessiert waren, ein Bild vom Neugeborenen zu haben. Normalerweise erlauben die Krankenhäuser nicht, daß man in den ersten Stunden nach der Geburt das Baby bereits fotografiert. Er traf ein Abkommen mit der Klinikleitung, bildete einige Krankenschwestern in ihrer Freizeit zu Fotografinnen aus und gab ihnen eine Provision für den Verkauf von Bildern der neugeborenen Babies. Er entwickelte dadurch eine vollkommen neue Art von Geschäft.

Anstatt bestimmte Verkaufsziele, etwa für ein Jahr usw., festzulegen und für eine bestimmte Abteilung ein Planziel aufzustellen, entdecken mehr und mehr Unternehmen, daß, wenn sie diese Ziele weniger konkret fassen und dafür mehr an Initiative, Selbstmotivation und Konkurrenzgeist appellieren, Faktoren, die normalerweise beim einzelnen Unternehmer ohnehin schon eine Rolle spielen, sie ganz neue Möglichkeiten aktivieren können.

Eine relativ junge Methode, das Gleitzeitverfahren, ist auch erfolgreich eingeführt worden. Die sklavische Pünktlichkeit wird durch ein System abgelöst, in dem die Mitarbeiter innerhalb einer festgelegten Frist kommen und gehen können, wann sie wollen. Wichtig ist nur, daß sie die Arbeitsstunden, die ihnen monatlich bezahlt werden, auch ableisten. Hier können die Mitarbeiter in wünschenswerter Weise auf den unterschiedlichen Arbeitsanfall und die unterschiedliche Arbeitsleistung reagieren. Die Arbeit wird dadurch effektiver, die persönliche Entscheidungsfreiheit größer.

Sein eigenes Denken flexibler zu gestalten, kann auch eine Reihe von Fragen mit sich bringen, die sogar in die Gesetzmäßigkeiten der Natur eingreifen.

Für eine Firma, die Samen erzeugt, die normalerweise an Gärtnereien verkauft werden, wurde herausgefunden, daß eines der wichtigsten Probleme war, daß die meisten Blumen zur selben Zeit blühten und die kleinen Gärtnereien den gewaltigen Arbeitsanfall auf einen Schlag nicht verkraften konnten. Die Firma, die übrigens in Chikago sitzt, entwickelte daher in zahlreichen Laborversuchen Samen, der zu verschiedenen Zeiten blüht. Damit konnte eine gleichmäßigere Arbeitsauslastung der Gärtnereien und ein größerer Umsatz der Firma erreicht werden.

Vom Angestellten erwartet man, wenn er nach Hause geht, daß er ein spezifisches Ziel erreicht hat. Das ist genau die Art von Fragen, die Generaldirektoren und Verwaltungsräte stellen. Aber ist es nicht Zeit, daß wir selber fragen, worum es beim Management eigentlich geht? Der Ursprung des Wortes Management hat etwas mit Organisieren zu tun, herausführen, nach oben führen, verbessern. Die moderne Terminologie wäre vielleicht „Selbstrealisierung". Dies käme dem wirklichen Zweck des Managements jedenfalls am nächsten. Um diese Definition aber akzeptieren zu können, ist es notwendig, in vielen Betrieben völlig umzudenken.

Als Professor an der Nova-Universität in Fort Lauderdale, Florida, habe ich mich mit den Resultaten einer geplanten Erziehung beschäftigt. Es handelte sich darum, wie man Selbstmotivierung, Entwicklung der Individualität, emotionelle Reife, die Bereitschaft, Wechsel zu akzeptieren und ähnliche angestrebte Ziele als Teil eines Lehrplans leichter durchführen kann. Diese Studie zeigte, daß interessanterweise eines der wichtigsten Probleme weder darin bestand, diese neuen Ideen klarzumachen, noch in dem Widerstand von Seiten der Schüler. Anscheinend war es aber doch nicht genug, die neuen Erziehungsziele bloß verbal klarzumachen. Die Schüler akzeptierten die neuen Ideen, die Eltern und die Gemeinden auch. Alle haben nicht allzuviel Widerstand geleistet. Es war zuweilen aber schwierig, sie von der alten Gewohnheit abzubringen, ihre Kinder zu fragen, wenn sie nach Hause kamen: „Nun, was hast Du denn heute gelernt?" Die weitere, noch größere Schwierigkeit resultierte aus der Haltung der Lehrer, und wenn Sie wollen, ist hier eine Parallele zu den Managern gegeben. Beide haben gelernt, wie man dirigiert und Erfolge in einem konventionellen Sinne erreicht. Aber sie haben nicht wirklich gelernt, wie man managt. Auf die Lehrer angewandt, heißt das, wie man wirklich lehrt, wie man Ideen verkauft und klarmacht. Wenn man sich das Klassenzimmer oder das Büro als eine Art Miniaturkultur im anthropologischen Sinne vorstellt, dann bedeutet die Einführung eines geplant „ungeplanten Managements", wie wir es in diesem Buch vertreten, die Einführung einer vollkommen neuen Stammesordnung im privitiven Sinne, wo man nicht mit einem Häuptling, einer Autorität, einem Lehrer oder einem Manager zu tun hat. Man muß vielmehr eine ganze Reihe von neuen klinischen und psychologischen Eignungen entwickeln. Zum Beispiel, wie wir früher bereits angedeutet haben, muß man lernen, Kritik aus den Reihen der Angestellten zu akzeptieren. Der Lehrer hätte zu lernen, viel mehr daran interessiert zu sein, wieweit die Schüler tatsächlich gelernt haben, ein Problem zu lösen, anstatt damit zufrieden zu sein, daß sie sich spezifische Daten oder einen Vorgang gemerkt haben.

## Management als dauernder Lernprozeß

Ein anderes Ziel des psychologisch geplanten Managements besteht darin, die Mitarbeiter für eine Idee zu begeistern und ihnen klarzumachen, daß Management oder exekutive Maßnahmen keine spezifischen Ziele haben müssen, sondern daß es sich stattdessen um einen andauernden Lernprozeß handelt, der lange weitergeht, auch wenn man in eine neue Position eingerückt ist, sich einen Titel erarbeitet oder als Manager seinen Trainingskurs verlassen hat. Mit anderen Worten: Management muß, um wirklich erfolgreich zu sein, Appetit für dauerndes Lernen bei den Mitarbeitern, die gemanagt werden, und beim Direktor, dem Manager, erzeugen.

## Minderwertigkeitsgefühle bekämpfen

Wir mußten immer wieder feststellen, daß Gefühle der Unzulänglichkeit ernsthaft dem Lernprozeß schaden können, ganz speziell bei ökonomisch oder ethnisch unterprivilegierten Gruppen. Sie haben bewußt oder unbewußt ein sehr tiefverwurzeltes Gefühl dafür, daß sie wegen ihrer Herkunft im national ethnischen Sinne oder auch von ihrer Familie her an einer fundamentalen Minderwertigkeit leiden. Wenn ein solches Gefühl bei dem Manager besteht, wenn er selbst aus einer solchen Gruppe stammt, wird dies einen so starken Zwiespalt in seiner Persönlichkeit darstellen, daß er einfach unfähig ist, sein Ziel zu erreichen.

Der wirkliche Zweck also für viele Manager und auch für die, die die Rolle des Ausbilders spielen, ist oft der, dem Schüler oder sich selbst das nötige Selbstvertrauen einzuflößen. Häufig kann ein solches Problem mit psychologischen Methoden und mit Hilfe von modernen technischen Mitteln, wie Kassetten- und Trainingsprogrammen, die man zu Hause durchführt, leichter gelöst werden. Viele Ideen oder Konzepte, die normalerweise bei der Durchschnittsperson Furcht erregen, weil sie ihr vollkommen unbekannt sind und als zu kompliziert angesehen werden, muß man aufbereiten und anbieten, daß es so interessant und amüsant ist, und sogar Kinder und das breite Publikum eingeladen werden können, mit zuzuhören. Es könnten z. B. Broschüren entwickelt werden, die sagen: Sie glauben fälschlicherweise, daß dieser Gegenstand für Sie zu schwer ist, daß Sie dieses Gebiet nicht beherrschen werden. Versuchen Sie es aber trotzdem. Lassen Sie sich nicht von dem Titel erschrecken. Psychologisch geplantes Management muß also einen ganz neuen, unbekannten Blick auf den gesamten Erziehungsprozeß werfen. Es muß sich dafür interessieren, wie Erziehung für Management wirklich stattfindet. Die normalen, konventionellen Formen des Lehrens, bei denen man dem Schüler oder Mitarbeiter Vorträge hält, und die ihrerseits bloß zuhören oder Fragen beantworten oder angewiesen werden, verschiedene Bücher zu lesen, sind nicht mehr ausreichend.

Wir haben in der Zwischenzeit eine ganze Reihe von neuen Formen der Kommunikation entwickelt. Wir haben selbst viele davon auf dem Gebiet der Motivforschung verwendet. Psychologische Spiele, z. B. jemandem eine Reihe von Gegenständen vorzulegen und zu beobachten, welche davon ihn interessieren, worüber er eigentlich mehr wissen möchte, kombiniert mit einer Reihe von zusätzlichen Fragen, können dazu dienen, eingebaute Furcht und Widerstände zu enthüllen. Durch das Auswechseln von Titeln und das Einbauen von einer Einladung und dem Versprechen, daß der behandelte Gegenstand wirklich viel leichter ist, als man zuerst glaubt, kann man oft, wie wir herausgefunden haben, viele Studenten dazu bringen, tatsächlich von dieser Einladung Gebrauch zu machen. Sie beginnen dann, sich für das Buch oder das psychologische Spiel zu interessieren. Wäre ihnen dieser Gegenstand in einer

*„Sie brauchen übrigens wirklich keine Angst vor mir zu haben,
ich bin auch nur ein Mensch wie Sie!"*

altmodischen Weise vorgestellt worden, hätten sie einfach
Angst davor gehabt. Viele Leute, die z. B. nie über sehr
fundamentale, einfache mathematische Lektionen hinaus-
gekommen sind, haben bei der Einführung in die neue Mathe-
matik und der etwas spielerischen und leichteren Form des
Unterrichts entdeckt, daß sie gar nicht so unbegabt sind, wie
sie vorher angenommen haben.

Ein Beispiel dafür kommt aus England, wo man auf dem
Gebiet des Geschichtsunterrichtes gute Erfahrungen damit
gemacht hat, die Geschichte so darzustellen, als ob die Ereignisse nicht vor Jahrhunderten bzw. Jahrtausenden, sondern vor
einigen Tagen stattgefunden hätten.

Eine andere Idee, mit der wir experimentiert haben, ist die,
ältere Leute, die die Ereignisse der jüngsten Geschichte miter-

lebt haben, auf Kassette oder Band ihre Erinnerungen aufzeichnen zu lassen oder sie vor einer Fernsehkamera wie ein
Schauspieler zu erklären. Dadurch wurde plötzlich der
ansonsten langweilige Geschichtsunterricht außerordentlich
interessant. Natürlich können solche Berichterstattungen kein
objektives Bild vermitteln, sondern setzen allgemeine Kenntnisse über das jeweilige Gebiet voraus. Der Vorteil ist, daß
der persönliche Kontakt die Beziehung zu dem behandelten
Thema viel intensiver gestaltet, als es je durch ein Buch oder
durch einen Film geschehen könnte.

## Geplante Neuansätze zur Lösung von emotionellen Problemen

Auch auf dem Sektor Ausbildung und Erziehung des Manage-
ments leiden wir unter einer Vernachlässigung von emotionellen
Problemen. Es gibt fast keine wirklichen Kurse auf dem Gebiet
des Entscheidungen treffen oder, wie man Langeweile,
Depression, tief verwurzelte Eifersucht auf verschiedenen
Gebieten, z. B. denen des Jobs, beherrschen lernen kann. Der
Manager muß lernen, die psychologischen Probleme der Mitarbeiter besser zu verstehen und herauszufinden, wie er in
einer positiven Weise mit ihnen arbeiten kann. Alle diese
Gegenstände könnten zusammengefaßt werden unter der Idee
einer modernen, geplanten Managementerziehung.

Hier handelt es sich wiederum nicht um Ziele, das Erringen
von Preisen oder guten Noten oder um erhöhte Verkäufe auf
dem kaufmännischen Gebiet, sondern mehr darum, den
modernen Manager daraufhin zu testen, inwieweit er einen
genügenden Grad von emotioneller Reife erreicht hat. Moderne
psychologische Tests und psychologische Fragebogen können
dazu verwendet werden.

## Selbstmotivierung

Wir sind daran gewöhnt, exekutive Autorität, Elternautorität
und Autorität im Unternehmen fast automatisch zu akzeptieren.

Für eine gewisse Zeit ist das natürlich notwendig. Selbstmotivierung setzt jedoch voraus, daß man sich an einem Punkt von der äußeren zur inneren Disziplin weiterentwickelt. Man muß also bereit sein, nicht mehr vom Bürgersteig auf die gefährliche Straße zu gehen, auch ohne daß die Warnung ausdrücklich von den Eltern ausgesprochen werden muß. Stattdessen müssen wir auf unsere innere Stimme hören, die uns sagt: „Tu es nicht, es ist gefährlich." Um eine Aufgabe wirklich zu lösen, ganz ungeachtet, auf welchem Gebiet, brauchen wir eine solche innere Stimme. Ehrgeiz und Konkurrenzgeist mögen eine Rolle spielen, um bessere Bezahlung und schönklingende Titel zu erhaschen. Die richtige Selbstmotivierung ist aber noch viel wichtiger. Wir müssen in modernen Firmen lernen, die etwas veralteten Ideen von Prestige, Status und ähnlichen Dingen durch Belohnung anderer Art zu ersetzen.

Ich erfülle meine Arbeit dann besser, wenn ich mehr Spaß daran habe. Eine Reihe von amerikanischen Firmen hat damit begonnen, sogar in Bewerbungen darauf hinzuweisen, daß durch zufriedene, motivierte Arbeitsweisen das Produkt, das sie dem Konsumenten liefern, ein besseres Produkt wird. Dies ist inzwischen ein wichtiger Punkt innerhalb der modernen Werbemethoden geworden. In wenigen Fällen haben wir gelernt, der Menschheit klarzumachen, daß der ganze Prozeß der Erwerbung von neuen Geschicklichkeiten und neuen Methoden der Problemlösung Vergnügen und Spaß bereiten soll, genau das Gefühl, das ein Kind hat, wenn es mit seinem Taschenmesser an einem Zweig oder an einem Stück Holz herumschnitzt oder eine Angelrute bastelt, einen Fisch fängt, eine Falle aufstellt oder lernt, wie man aus Klötzen ein Spielzeughaus bauen kann. Erfolg ist wahrscheinlich eine der wichtigsten Selbstmotivationen und hilft der Produktivität, dem Hauptproblem unserer Wirtschaft. Bewunderung des Erfolgs ist ein weiteres Mittel. Aber in dem Augenblick, wo wir den Erfolg als eine Pflicht beschreiben, die man erfüllen muß, um den Autoritäten der Gesellschaft, der Firma, den

Eltern einen Gefallen zu erweisen, unterminieren wir das ganze Konzept der Selbstmotivierung. Wir haben uns dann wiederum zu sehr auf das Ziel konzentriert, anstatt der Hand am Auslöser das Zielen zu überlassen.

*Innovation*

Veränderungen zu akzeptieren und sie auch wirklich zu wünschen, repräsentiert einen weiteren wichtigen Aspekt des geplanten ungeplanten Managements. Planung muß in einem gewissen Sinne mit dem modernen Leben zusammenhängen. Es ist eine Selbstverständlichkeit zu sagen, daß das Leben einem dauernden Wechsel unterworfen ist und daß dies heute noch rascher geschieht als früher. Eine große Anzahl von Statistiken kann in diesem Zusammenhang zitiert werden. Trotzdem ist aber unser konventionelles, industrielles System, wenn wir näher hinschauen, so organisiert, daß der Innovator, der Erneuerer, der Mann mit den neuen Ideen, eher bestraft als belohnt wird. Der moderne Manager, die moderne Firma sollte innovatives Denken belohnen. Dieses Denken kann mit allen möglichen Problemen anfangen: Wie kann man z. B. seinen eigenen Fortschritt in einer modernen Weise festhalten? Man könnte sogar mit einfachen Dingen anfangen, wie z. B. die Sessel in seinem Büro wöchentlich einmal anders zu stellen oder den Schreibtisch zu verrücken. In der Schule sollte man etwas Ähnliches tun, so daß nicht immer dieselben Schüler oder im Büro dieselben Leute nebeneinander arbeiten und sitzen. Die Möglichkeit, Managern und Mitarbeitern in einem multinationalen oder nationalen, großen Unternehmen zu helfen, die Leute von verschiedenen Landstrichen und verschiedener Herkunft besser zu verstehen, ist außerordentlich wichtig.

Wir sollten Kulturschranken, ob national, sozial oder altersbedingt, durchbrechen lernen. In einem Land, wie z. B. den Vereinigten Staaten oder auch in der Schweiz, hat eigentlich der sogenannte Schmelztiegel nie richtig funktioniert. Man hat

nicht versucht, die verschiedenen Kulturen, Sitten und Lebens-
gewohnheiten miteinander in Einklang zu bringen, da man sich,
obwohl man Amerikaner war, möglichst in der eigenen
Volksgruppe isolierte.

*„Es war doch keine so gute Idee, den Schrank vors Fenster
zu stellen ..."*

## Das Interpretieren des menschlichen Verhaltens

Psychologisch geplantes Management beinhaltet auch die Fähigkeit, das Verhalten in einem anthropologischen Sinne zu interpretieren. Für uns ist es zumeist sehr schwer, die Sprache des Körpers zu verstehen. Was bedeuten die Gesten, die verschiedenen Arten von Symbolen im menschlichen Benehmen? Es wäre wahrscheinlich sogar sehr wichtig für das Training eines modernen Managers, sich darüber klar zu werden, was verschiedene Augenbewegungen bedeuten, warum die meisten Menschen auch in verschiedenen Kulturen bei einer Begrüßung oder beim Ausdruck von Freundlichkeit die Augenbrauen heben, warum sich die Leute die Hände schütteln usw. Die Hände schütteln, bedeutet z. B. sinngemäß: „Sieh da, ich habe keine Waffen in der Hand, ich bin freundlich gesinnt".*)

Wir haben uns aber inzwischen weitgehend von dieser Sitte distanziert und verzichten darauf, jedem die Hand zu geben.

Jeder wird sich früher oder später über den psychologischen Stellenwert bewußt, den ein Auto oder ein Fernsehapparat in der modernen Welt spielt. Also, der Stellenwert von Konsumgütern, mit denen sich der Verbraucher und die Verbraucherwerbung sehr oft beschäftigen. Schon durch den modernen Verbraucherschutz und die Verbraucherverbände sollte der Manager dazu erzogen werden, seinen Mitarbeitern und Kunden dabei zu helfen, sich vom braven Verbraucher zum mündigen Käufer zu entwickeln.

Fassen wir zusammen: Konventionelles Management, also die Konzentration auf Ziele in einer direkten Weise, genügt heutzutage nicht mehr. Unsere Welt ändert sich ständig. Wir müssen lernen, zu spekulieren. Wir müssen erraten, wie die Zukunft sich entwickeln wird, denn wir wissen oft nicht, wie

*) Vgl. hierzu *Eibl-Eibelsfeld*, Der vorprogrammierte Mensch, München, 1973

46

sich die Dinge von einem Tag auf den andern ändern. Wir müssen auch lernen, uns mit dem „Zukunftsschock" abzufinden, ja ganz bewußt eine positive Einstellung zu den ständigen Veränderungen entwickeln. Wahrscheinlich müssen wir sogar unter einem sehr starken Vergrößerungsglas das ganze Konzept des Dirigierens, des Führens, als eine lebenslange Profession ansehen. Wir müssen überlegen, ob es nicht besser für Manager und Angestellte wäre, zwei oder drei Karrieren während ihres Lebens durchzumachen und dadurch die Langeweile und Routine bei der Arbeit zu vermeiden. Außerdem macht die zunehmende Technisierung mit der Zeit bestimmte Berufe überflüssig und schafft andere, wie es sich in der letzten Zeit auf dem Gebiet der Datenverarbeitung beispielsweise gezeigt hat. Hinzu kommt, daß die steigenden Ansprüche an die fachliche Qualifikation der Arbeiter und Angestellten eine ständige Weiterbildung und ein Weiterlernen voraussetzt.

Die Möglichkeit einer Haltung, wo wir mehr Akzent auf die Freude legen würden und auf die Freizeit, die in den nächsten Jahrzehnten ja auch ständig zunehmen wird, muß zur wirklichen Aufgabe des geplanten Managements werden. Sie müssen die Angestellten daraufhin trainieren, die neu gewonnene Freizeit besser zu verwenden. Es ist selbstverständlich, daß Massenmedien, wie Radio und Fernsehen, Presse und Bücher, eine sehr wichtige Rolle dabei spielen werden. Ihr Einfluß in diesem Lernprozeß wird noch bedeutender sein, als er heute ist. *Ivan Illich,* ein oft ganz unorthodox denkender österreichischer Autor, spricht sogar von der Notwendigkeit, Schulen, wie wir sie bis jetzt gekannt haben, abzuschaffen. Stattdessen sollen wir in Lebensschulen gehen und dort lernen, die in uns selbst liegenden Talente zu entdecken und weiter zu entwickeln.

Das Management ohne Systemzwang könnte diese Idee übernehmen, indem der Angestellte die Mittel, die Werkzeuge, die Bücher zur Erwerbung seiner beruflichen Fähigkeit zur Verfügung gestellt bekommt. Er muß aber seinen eigenen Lehrplan entwickeln können. Dabei sollte man z. B. auch festhalten, was für Fehler man dauernd macht, was für Verhaltensmuster man an sich selbst beobachten kann. So läßt sich größeres Verständnis und Einsicht in sein eigenes Verhalten entwickeln. Man sollte Manager sogar daraufhin trainieren, zeitweilig sogar die Zügel locker zu lassen, mehr Gleitzeit und weniger straffe Organisation und Ordnung zu propagieren. Die schon vorher erwähnte Studie, die an der Nova-Universität in Florida durchgeführt wurde, hat nämlich mit einer Art von konstruiertem Chaos gearbeitet. Diese neue Idee der weniger straff organisierten Schule wird die „Offene Schule" genannt. Kinder können von einem Klassenraum zum andern laufen. Wir haben den Lehrern klargemacht, daß es vollkommen menschlich und verständlich ist, wenn sich die Schüler nach einer gewissen Zeit, in der sie sich auf einen Gegenstand konzentriert haben, anfangen zu langweilen, und daß es der Produktivität und der Lernfähigkeit der Kinder nicht hilft, wenn sie jetzt puritanisch gezwungen werden, sich mit einem Gegenstand dauernd zu beschäftigen, auch wenn sie längst das Interesse verloren haben. Mit richtiger Führung, und wenn wir die Tatsache akzeptieren, daß Lehren in einem weiteren Sinne eine Art von Verkauf ist, können die Kinder davon überzeugt werden, jetzt neues Interesse an dem Gegenstand zu entdecken, der sie ein bis zwei Tage vorher gelangweilt hat.

Dasselbe Konzept ist auch auf das moderne Management anwendbar. In Frankreich wurde vor kurzem das normale Verhältnis zwischen Management und Arbeiterschaft völlig umgedreht. Die Uhrenfabrik Lip in Besançon hatte aus wirtschaftlichen Gründen beschlossen, ihre Fabrik zu schließen. Die Arbeiter haben darauf anscheinend mit Erfolg die Fabrik selbst weitergeführt. Dieses Beispiel wird jetzt unter dem Begriff Lip in anderen Betrieben als ein Prinzip der Arbeiterbeteiligung als Experiment praktiziert. Die Regierung hat zwar bei dieser Uhrenfabrik eingegriffen und die Enteignung der Fabrik durch Verkauf von Aktien mit Steuerbegünstigungen an die Arbeiter legalisiert. Wenn also das Umdenken bei kleinen Arbeitern möglich ist, muß man es auch bei den Managern verlangen können. Voraussetzung dafür ist allerdings, sich von den normalen Zielen und Ordnungen abzukehren und, um einen Vergleich aus der Elektronik zu nehmen, sein eigenes Feedback zu erzeugen. Kehren wir zum Bild der Zielscheibe zurück. Es sollte so sein, daß nicht das Management nur in die Richtung der Erfolgszielscheibe ausstrahlt, sondern daß diese Zielscheibe selbst eine Art Reflexion auf den Managerschützen „in umgekehrter Richtung" hervorruft. Die Aufgabe macht oft den Mann.

Leser:
*Meinen Sie also doch, man sollte beim Managen Dinge dem Zufall überlassen?*

Autor:
*Nein, überhaupt nicht. Man soll sich vielmehr eines neuen Prinzips bedienen, eben Zielfixierung nicht krampfhaft durchzuführen. Wie jeder Schütze weiß, trifft man leichter ins Schwarze, wenn man die Zielscheibe nicht zu stark fixiert. In unserer modernen Wissenschaft lernen wir auch, uns mehr auf Intuition zu verlassen und eher wie ein Künstler vorzugehen. „DNS", die Struktur der Keimzelle, wurde mehr durch sog. „Serependity", was eigentlich gesteuerter Zufall heißt, von den Wissenschaftlern entdeckt.*

Leser:
*Hat diese ganze Idee etwas mit Yoga zu tun?*

Autor:
*Ja, wenn Sie bereit sind, die Idee zu akzeptieren, unser nur zielbewußtes, rationales westliches Denken mit dem des Ostens, dem Mystizismus, der Kontrolle des autonomen Nervensystems, das unsere Emotionen beherrscht, zu verbinden.*

*Autogenes Training, sich mehr auf Intuition zu verlassen, sind moderne Prinzipien, die jeder, der sich selbst und andere managt, lernen sollte. Die meisten dieser Systeme bestehen darin, richtig atmen zu lernen, bewußt bisher autonome, d. h. also angeblich unkontrollierbare, selbständige Teile der Persönlichkeit durch Training zu beherrschen.*

Leser:
*Was für ein Rezept können Sie mir geben?*

Autor:
*Hier sind eine Reihe von Ideen. Natürlich sollten Sie einen Teil der einschlägigen Literatur durchlesen oder auch einen Kursus mitmachen. Aber für die Zwischenzeit hier ein paar Tips:*

1. *Sie müssen eine Entscheidung treffen, ein neues Produkt entwickeln oder in eine neue Stellung aufrücken. Stellen Sie sich die neue Rolle, das Produkt oder die Position als bereits vorhanden vor. Prüfen Sie Ihr wirkliches dreidimensionales Gefühl.*

*Wir träumen oft von Dingen und versuchen, sie systematisch zu erreichen, haben aber keine exakte Vorstellung, wie die Erfüllung wirklich aussehen wird. Oft ist das Resultat: Enttäuschung. In der jetzt so bekanntgewordenen Novelle von Solchenizyn „Ein Tag im Leben des Ivan Denissovitsch"* *), der die Erlebnisse der Leute in einem Gefangenenlager in Sibirien beschreibt, lernt man verstehen, daß ein Stück trockenes Brot ein ganzes Abenteuer bedeuten kann.*

*Man soll es ganz langsam essen, im Mund herumrollen lassen, daran saugen, es riechen. Wenn man einen solchen Gedankenprozeß auf sein Ziel anwendet, dann werden alle Sinne ins Leben gerufen und helfen bei der Erreichung des Zieles mit. Uns läuft gleichsam das Wasser im Mund zusammen nach dem neuen Produkt oder dem Verkaufserfolg oder dem Urlaub oder dem Kontakt zum Chef oder zu den Kollegen.*

2. *Zerlegen Sie ein großes Ziel in kleine Etappen. Sie können z. B. vertikale, farbige Röhren oder Streifen in ihrem Büro oder Arbeitsplatz anbringen, um dann jeden Tag den Fortschritt durch eine Markierung oder einen Schieber sichtbar zu machen. Die Gesamtlänge des Rohres oder des Streifens wirkt als Objekt-Dramatisierung.*

3. *Versuchen Sie, global zu denken. Was wollen Sie ungefähr in einem Jahr erreichen, beruflich, privat, finanziell? Aber bauen Sie Alternativen ein. Machen Sie die schwarze Zielmitte nicht zu klein.*

*) Solchenizyn: Ein Tag im Leben des Ivan Denissovitsch, Knaur, 1968

4. In Dänemark soll eine Erfinderhochschule errichtet werden. Es wird berichtet, daß 70% aller neuen Produkte auf Ideen und Initiativen von Privatleuten und nur 8% auf gezielte Entwicklungsarbeit in Unternehmen zurückzuführen sind. Also gezielte Forschung ist nicht immer die erfolgreichste. Versuchen Sie bei Ihrer Arbeit oder zu Hause, pro Monat eine neue Idee einzuführen. Wichtig dabei ist, daß Sie Ihre Ideen gleich aufschreiben und nicht damit warten, bis Sie wieder am Arbeitsplatz sitzen. Legen Sie daher ruhig auch nachts eine Taschenlampe, Papier und einen Füllfederhalter neben Ihr Bett.

## III. Der ungehemmte Manager

Wir wissen alle, daß wir in einer Zeit der ständigen Veränderungen leben, ohne uns dessen aber ganz bewußt zu werden. Sie erfassen auch die unerwartetsten Gebiete, wie z. B. unsere Wertvorstellung.

Wir sind z. B. gewohnt zu glauben, daß es moralisch ist, schwer zu arbeiten und Erfolg im Leben zu haben. Immer stärker werden wir jetzt aber herausgefordert, ganz speziell von der jüngeren Generation, diese Werte zu überdenken. Sie stellen Fragen, wie man sie vor 20 Jahren nie untersucht hätte. Glücklichsein, Selbstentdeckung, Expansion des Bewußtseins, diese Begriffe tauchen ständig auf. Heutzutage bewegen sich die Berufswünsche junger Manager außerhalb des festgesteckten Bereichs von hohen Gehaltsforderungen und dem Wunsch nach einer Karriere. Wenn wir uns nämlich am Arbeitsplatz gut umsehen, gleichgültig, ob es ein Büroraum oder eine Fabrikhalle ist, dann erhalten wir ein unmißverständliches Gefühl: irgendetwas ist nicht ganz in Ordnung.

Wir haben vor einiger Zeit Untersuchungen in verschiedenen Ländern durchgeführt: In den USA, in Deutschland, in Frankreich, Österreich und Jugoslawien. Wir fragten junge Leute, ob sie glücklich seien in ihren Büros, ob sie mit der Arbeitseinstellung und den Zielen zufrieden seien. Man wollte auch feststellen, wie die Bürokleidung, die Beleuchtung und die Bürostunden den Leuten gefielen. Bei Firmen, deren Etat zu klein war, stießen wir nicht gerade auf große Freude, denn wir fanden genug Beweise dafür, daß es notwendig ist, die Rolle des Managers neu zu durchdenken, um Architekten, Büromöbelfabrikanten und den Bürodekorateuren und Managern selbst neue Ideen zu geben. Überall klafft eine große Lücke zwischen den technologischen Möglichkeiten und der Realität. Größere Produktivität erreicht man nicht bloß damit, mehr Arbeit aus dem Personal herauszuholen, sondern viel eher damit, gleichzeitig auch zu ihrer seelischen Ausgeglichenheit und Zufriedenheit beizutragen. Hier sind einige unserer Erfahrungen und Entdeckungen, wie das geschehen kann:

Schon die nahe Zukunft verlangt nach ganz neuen Funktionen und Fertigkeiten. Anstatt Memos zu schreiben, zu tippen und zu kopieren, werden wir uns wahrscheinlich auf folgende Gebiete konzentrieren müssen:

1. die bessere Kontrolle der ständig zunehmenden Flut von Informationen,

2. das Denken,

3. individuelle Präferenzen und Idiosynkrasien mehr in Betracht ziehen,

4. das Eliminieren der unterschiedlichen Arbeits- und Freizeitatmosphäre,

5. mehr Mobilisierung und Mobilität,

6. die Entdeckung der Freude an der Kreativität,

7. die Freiheit von Zeit- und Raumeinengungen,

8. Chancen für Wachstum und Entwicklung,

9. freiere Bürokleidung und Atmosphäre,

10. Aktionsmotivierung.

Jede dieser psychologischen Funktionen wird jeweils die Lösung verschiedener offener Fragen, wie z. B. die zukünftige Kleidung der Mitarbeiter und eine allgemeine Änderung des Betriebsklimas, anstreben.

*Zu 1: Eine bessere Kontrolle der ständig zunehmenden*
*Informationsflut*

Viele Personen, mit denen wir sprachen, beschwerten sich darüber, daß der Datenanfall und Datenabfall in allen möglichen
Gebieten so rasant zunehmen würde, daß sie ständig neuere,
größere Maschinen und neue Formen der Datenverarbeitung
brauchten, um diese neuen Informationen und Daten zu verarbeiten. Das Aufzeichnen und Speichern von Daten wird in
Zukunft mehr und mehr zu einem eigenen Industriezweig werden.
Trotzdem verwenden wir immer noch altmodische und syste-
matische Ablageschränke, wo wir Korrespondenz und Materialien mehr oder weniger alphabetisch geordnet aufbewahren. Wir
schreiben lange und komplizierte Briefe. Viele umständliche
Gewohnheiten werden in Zukunft automatisiert werden
müssen. Was wir tatsächlich brauchen, ist ein kreatives Ver-
arbeitungssystem, wo alphabetische Ordnung durch Ideen-
ablage ersetzt wird.

Durch eine solche Art von kreativer Ablage bzw. Zuordnung
werden wir vielleicht entdecken, daß eine größere Freiheit
zwischen den Autoritäten und den ihnen untergeordneten
Gruppen besteht und diese sich noch auf sämtliche Bevölke-
rungsgruppen ausdehnen wird. Vor kurzem hat die Deutsche
Bundeswehr und die Amerikanische Armee eine Reihe von
Erneuerungen eingeführt, um mehr Rekruten anzuziehen. Die
Soldaten dürfen heute vieles tun, was früher als undiszipliniert
angesehen wurde. Sie dürfen Bier in den Kasernen trinken, sie
können Dinge, die bisher verboten waren, tun, weil die nicht
zu Disziplin und Tapferkeit in Widerspruch stehen.

*Zu 2: Denken*

Immer mehr einfache und mechanische Arbeiten werden von
Maschinen verschiedenen Typs übernommen. Dadurch werden

wir mehr Zeit haben fürs Denken. Vielleicht wird sogar auch mehr Denken nötig werden. Jeder Angestellte, speziell jeder Manager, sollte eine Denkstunde für sich freihalten, in der er seinen Gedanken völlig freien Lauf läßt. Eine Pausenzone oder Denkecke sollte in jedem Büro eingerichtet werden, in die man sich zurückziehen kann, um von den Aktivitäten des Tages Abstand zu bekommen. Sie muß allerdings so konstruiert sein, daß sie nicht nur Lärm, Licht und andere Störungen ausschaltet, sondern vielleicht auch ein Diktiergerät enthält.

Ein großes Hindernis ist die starre Hierarchie, die noch in vielen Organisationen und Betrieben existiert und bei dem einzelnen Mitarbeiter das Gefühl auslöst, nicht zu wissen, welchen Stellenwert er im gesamten Programm und in der gesamten Organisation überhaupt hat. Grafische Statusbäume, auf denen es von Direktoren, Abteilungsleitern etc. wimmelt, sollten durch dynamische, vielleicht auch bewegliche Modelle der wirklichen Funktionen ersetzt werden. Was tut der Verkaufsleiter, der Werbeleiter wirklich, welches Zahnrad stellt er dar?

*Zu 3: Individuelle Präferenzen und Idiosynkrasien*

Die Schulen beginnen, sich heute mehr und mehr den psychologischen Typen von Schülern zu widmen, anstatt bloß auf ihr Alter und ihre physischen Fähigkeiten zu achten. Es gibt Kinder, die mehr visuell orientiert sind, andere mehr taktil und wieder andere reagieren mehr auf akustische Reize. Es wäre einmal interessant und reizvoll, in einer Studie zu untersuchen, welchem Typ von Mitarbeiter die Mehrzahl aller Menschen, die in den Büros und Fabriken arbeiten, zuzuordnen ist. Sollte die Mehrzahl mehr visuell orientiert sein, dann sollte man visuelles Lernen fördern.

*Zu 4: Die Ausschaltung der Unterschiede zwischen Arbeits- und Freizeitatmosphäre*

Der Unterschied zwischen der Arbeits- und Freizeitatmosphäre wird innerhalb der nächsten Jahre sehr rasch verschwinden. Die Viertagewoche wird bereits in vielen Firmen in
Amerika ernsthaft diskutiert und teilweise sogar praktiziert.

*„Ich darf nicht wieder vergessen,*
*bei der Konferenz die Gartenschürze auszuziehen . . .“*

Sie wird wahrscheinlich das Arbeitsquantum der Zukunft sein. Sie wird aber auch ein Sichloslösen von den Vorstellungen der Vergangenheit erfordern. Die allgemeine Entwicklung der zukünftigen Büros läuft darauf hinaus, daß es in zunehmendem Maße nicht mehr als sündhaft und unmoralisch angesehen wird, wenn eine Sekretärin oder ein Mitarbeiter eine Hobbyecke hat, wo er oder sie der Arbeitsroutine entfliehen kann. Ein Fach im Schreibtisch für persönliche Dinge und auch für Entspannung und Spaß wird wahrscheinlich eine ständige Einrichtung in den Büros werden. Springbrunnen und Kaffeemaschinen in Großraumbüros sind bereits ein Anfang. Wir müssen aber noch viel kreativer werden. Große Fabrikgebäude werden wahrscheinlich ein Schwimmbecken auf dem Dach oder im Hof haben oder zumindest die Kantine in einer lebendigen, kreativen Weise ausstatten. Es gibt keinen Grund dafür, warum man nicht in einem solchen Gebäude auch kleinere Tiere (wie z. B. Tauben, Vögel, Papageien etc.) halten kann. Gerade in lezter Zeit konnte man eine Fülle hoffnungsvoller Ansätze zu diesen Fragen beobachten.

Wie der Zeichenschüler lernen muß, sein Handgelenk zu lockern, so muß der ungehemmte Manager lernen, an die definitiven Resultate seiner Entscheidung zu denken und seinen Geist des öfteren von den täglichen Routineaufgaben befreien.


*Zu 5: Mehr Beweglichkeit*

Es ist nicht nur ungesund, sieben oder acht Stunden hinter seinem Schreibtisch oder seiner Schreibmaschine zu sitzen, sondern auch vollkommen unlogisch. Vor vielen Jahrzehnten waren Stehpulte sehr bekannt. Sie boten dem Büroarbeiter die Möglichkeit, seine Tätigkeit stehend auszuüben. Mit einem transportablen Mikrofon ist es auch möglich, herumzugehen, während man diktiert. Man muß nicht immer ein Topmanager sein, um ein Trimmrad im Büro zu haben.

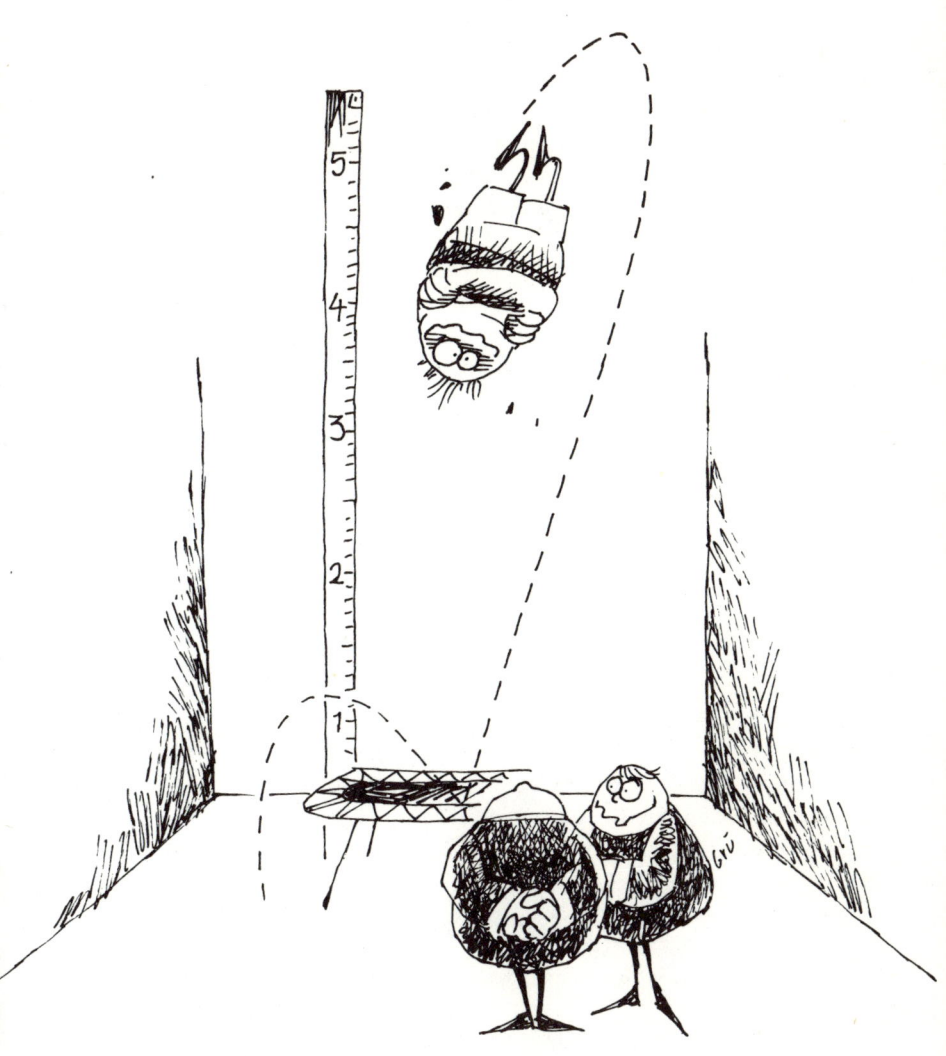

*„Lies doch mal schnell ab, wie stark seine Aggression heute ist.“*

Es sollte einen Trimmraum geben, den Angestellte am Vormittag oder Nachmittag besuchen können, um sich aufzulockern. Einige Firmen haben bereits solche Entspannungszeiten eingeführt. In der Volksrepublik China ist dies gang und gäbe und wird selbst in den höchsten Stellen praktiziert.

In einer Studie für einen Teppichhersteller haben wir vorgeschlagen, im Fußboden eine Reihe von Vertiefungen einzuplanen, um dort ein Trampolin einzubauen. Ein solches Gerät ist bereits auf dem Markt.

Mobilität könnte weiterhin dadurch erreicht werden, daß man die Mitarbeiter von einem Büro zum andern umziehen läßt, anstatt sie Jahr für Jahr in demselben Büro sitzen zu lassen.

Viele Menschen wechseln oft ihren Job deshalb, weil sie ihre Umgebung und ihre Kollegen leid geworden sind.

Ausgewählte Yoga-Übungen könnten ebenfalls wesentlich dazu beitragen, mehr geistige Beweglichkeit zu entwickeln.


*Zu 6: Spaß und Kreativität*

Was sich bis jetzt aus unseren Studien und Untersuchungen ergeben hat, ist, daß die meisten Leute, wenn sie die Möglichkeit hätten, mehr Spaß und Vergnügen in das Büroleben bringen würden. Spaß steht aber heute noch im Gegensatz zum Konzept ernsthafter Arbeit.

Je reicher unsere Gesellschaft aber wird, desto intensiver müssen wir aber auch nach neuen Motivationen für die Mitarbeiter suchen. Die logische Antwort scheint zu sein, wo immer möglich die Routine zu durchbrechen und mehr Anregungen und Auflockerungen in das Büro- und Arbeitsleben zu bringen, und vor allem die Arbeit so zu gestalten, daß der Mensch sich mit ihr identifizieren kann und sich selbst entfalten kann.

In den meisten Betrieben gibt es höchstens eine Weihnachts- oder gelegentlich eine Geburtstagsfeier. Im übrigen ist man von Tratschereien und Intrigen abhängig, um dem grauen Einerlei des Alltags zu entgehen.

Menschen können sich nicht sieben oder acht Stunden lang auf Arbeit konzentrieren. Warum sollten nicht auch Spiele für Erwachsene vorhanden sein? Sogar die gefürchtete Ablage könnte dadurch, daß man die einzelnen Rubriken mit spaßigen Zeichnungen versieht, interessanter und lustiger werden. Musik in den Büros trifft man schon häufiger. Aber sie wird meist nicht richtig eingesetzt. Sie wird von einer zentralen Stelle ausgestrahlt, ohne die verschiedenen Geschmacksrichtungen der Mitarbeiter zu berücksichtigen. Dabei könnte es ohne weiteres möglich sein, ein Programm nach Mitarbeiterwünschen zusammenzustellen. Genauso sollten verschiedene Kunstarten, wie z. B. Malerei etc., mit einbezogen werden.

Es dürfte z. B. nichts Verbotenes daran sein, wenn in einer Ecke des Büros eine Staffelei stünde, an der die Angestellten ihre Kreativität ausdrücken könnten. Das gleiche gilt für das Gestalten mit Materialien.

*Zu 7: Freiheit von Zeit- und Raumbeschränkungen*

Ein anderes wichtiges Resultat unserer Befragungen ist, daß die Menschen nicht mehr wie Sklaven behandelt werden wollen, d. h., sie wollen möglichst viel Individualität auch in den Berufsalltag hineinnehmen. Sie fürchten sich aber, daß man sie bestraft, wenn sie die Routine durchbrechen. Gleichzeitig suchen sie aber immer neue Wege, genau das zu tun. Sie träumen von der Zeit, in der sie das Rentenalter erreicht haben und dann tun und lassen können, was sie wirklich wollen.

Warum sollten wir nicht wenigstens den Versuch machen, die sehr oft unnötigen Einschränkungen aufzuheben, die meist nur reine Gewohnheit sind, wie z. B. zur gleichen Zeit ins Büro zu kommen und wieder zur selben Zeit zu gehen.

*„Gleitzeit ist prima. Die warten jetzt schon 3 Wochen darauf, daß ich mein Monats-Soll erfülle."*

Eine solche Entwicklung zur Gleitzeit hin wird allgemein notwendig werden. Sicher könnte auch die Freizeit zum Wochenende für verschiedene Gruppen von Mitarbeitern auf Wunsch auf andere Tage verlegt werden. Warum sollte es eigentlich nicht möglich sein, wenn die räumlichen Verhältnisse günstig sind, daß man auch Spaziergänge an sonnigen Tagen möglich macht und Gruppen, speziell von Kopfarbeitern, Gelegenheit gibt, im Park oder auf den Gängen ihre Ideen und Pläne zu entwickeln. Schon die Griechen wußten von den Vorzügen, in dieser Weise nachzudenken.

Im Zusammenhang mit einer humaneren Entwicklung der Arbeit sind also in Zukunft viele Experimente, viel Kreativität und Entkrampfung notwendig. Man kann auch Tanzstunden für Manager einrichten, um so neben ihren Handgelenken auch die Fußgelenke lockerer zu machen und das Gefühl für Melodie und Rhythmus wachzuhalten. Gerade für den Umgang mit Mitarbeitern ist dieses Sicheinstimmen auf eine Melodie eine gute Übung.

*Zu 8: Eine Chance für Wachstum und Entwicklung*

Während die meisten Ideen und Konzepte, die bis heute entwickelt worden sind, in uns das Gefühl wachrufen, daß Arbeit mit Spaß oder Freude nicht viel zu tun hat und auch niemand aus dem Gefühl der Freude heraus arbeiten wird, ist das Gegenteil der Fall. Die meisten Menschen arbeiten besser und mehr, wenn sie sich nicht mehr als funktionierende Automaten fühlen, sondern wie die Künstler und Handwerker des Mittelalters eine Passion daraus machen können.

Wir alle sind besonders daran interessiert, uns geistig zu entwickeln. Man hofft nicht bloß darauf, nach einiger Zeit besser situiert zu sein, sondern ist auch ständig auf der Suche nach neuen Erfahrungen. Die logische Antwort darauf wäre, dem Angestellten mehr freie Zeit zu geben, damit er seine Kenntnisse verbessern kann.

Ein solches Entgegenkommen würde der Firma und dem Mitarbeiter gleichermaßen zugute kommen. Man könnte ihn darüber hinaus mit Kassettenkursen und Leihbüchern versehen, mit denen er sich während seiner freien Zeit und in den Pausen beschäftigen kann.

Eine regelmäßige Zusammenfassung der neuen Entwicklungen auf dem jeweiligen Arbeitsgebiet und von verwandten Bereichen wäre wünschenswert. Es würde eine Art von „Miniaturuniversität" sein. Wir mußten immer wieder feststellen, daß in der täglichen Routine die meisten Mitarbeiter lange nicht so produktiv sind, wie sie es sein könnten. Oft ist dies nur ein Mangel an Geschicklichkeit. Viele wissen nicht, wie man am Telefon richtig antwortet, ob es richtig ist, an mehreren Dingen gleichzeitig zu arbeiten, wie man seinen Schreibtisch richtig organisiert, wie man richtig plant. Das sind alles Dinge, die in den herkömmlichen Managementbüchern aus praktischer Sicht behandelt werden. Die psychologische Seite dabei ist aber fast wichtiger als die Geschicklich-

keit selbst. Entkrampfung ist hier eine wichtige Vor-
bedingung.


## Zu 9. Bürokleidung

Wenn wir von Arbeitskleidung sprechen, assoziieren wir damit
meistens etwas sehr Seriöses, Eintöniges und Einengendes. Es
gibt aber keinen vernünftigen Grund dafür, warum Menschen
sich nicht auch während der Arbeitszeit fröhlicher, farben-
froher und phantasievoller anziehen könnten. Auch die
Geschäftskleidung des Managers könnte so entwickelt werden,
– zumal er die meiste Zeit im Büro sitzt –, daß er nicht
ständig auf sorgfältig gebügelte Hosen achten muß. Eine
bequemere und weniger steife Kleidung würde auch das Wohlbefinden im Büro erheblich steigern. Obwohl es für alle

*„Ach, da fällt mir ein, daß ich heute mindestens zwei Stunden
diktieren muß . . .“*

Bereiche und alle Gelegenheiten spezielle Kleidung gibt, hat man das Büro hierbei bis heute fast völlig ausgeklammert. Sehr viele Mitarbeiter bevorzugen es, in Hemdsärmeln zu arbeiten. Welchen Zweck erfüllt eigentlich die Krawatte? Fachleute sollten sich einmal intensiv mit der Frage beschäftigen, welche Bürokleidung oder Managerkleidung eigentlich am praktischsten ist. Viele Einzelprobleme könnten dabei untersucht werden, ob z. B. für weibliche Manager oder Sekretärinnen Blusen wirklich gut und richtig entworfen sind und beim Maschineschreiben helfen oder hindern. Hilft ein bequemes Jackett, wenn man diktiert oder einen Brief schreibt? Sollte Geschäftskleidung oder Bürokleidung viel sportlicher sein und sich nicht so sehr von Freizeitkleidung unterscheiden? Könnte man die Kleidung chemisch behandeln, so daß sie nicht so leicht schmutzig wird und Flecken leichter entfernt werden können?

## Zu 10: Aktionsmotivierung

Mein Fachgebiet ist das Gebiet der Motivforschung. Wir müssen uns mit der Tatsache abfinden, daß Geld und Karriere einfach nicht mehr ausreichen, um Menschen zufriedenzustellen. Vielmehr müssen wir uns um wirkliches psychologisches und persönliches Wachstum bemühen. Soweit es die Büroatmosphäre betrifft, sollte man den Mitarbeitern zusätzlich die Möglichkeit geben, mehrere Male in der Woche oder an einem Tag das Gefühl zu haben, einen neuen Start, einen neuen Anfang zu machen.

Die Mittagszeit war wahrscheinlich ursprünglich so konzipiert oder so entwickelt, daß der Tag genau in zwei Teile geteilt wurde und man am Nachmittag neu anfangen konnte. In Wirklichkeit aber hat sie heute in den meisten Fällen den gegenteiligen Effekt; denn die meisten Menschen brauchen eine Art von Aufwärm- oder besser gesagt Anlaufperiode, um am Nachmittag wieder voll in Schwung zu kommen.

In Frankreich kämpfen die Firmen immer noch dafür, die durchgehende Arbeitszeit einzuführen. Sie versuchen, die Angestellten dazu zu bringen, eine kürzere Mittagspause zu machen und mehr oder weniger durchzuarbeiten. In Spanien praktiziert man genau das Gegenteil; hier gibt es eine sehr lange Siesta-Periode. Sicherlich spielen klimatische Unterschiede hierbei auch eine nicht unwesentliche Rolle. Trotzdem sollte man sich ernsthaft überlegen, welche Arbeitseinteilung die beste ist. Meiner Meinung nach soll das Büro der Zukunft eine Reihe von Stimulationen enthalten, die dem Mitarbeiter das Gefühl einer neuen Motivation injizieren. Vielleicht sollte eine spezielle therapeutische Anerkennung stattfinden, wann immer der Manager bemerkt, daß die Arbeitsbereitschaft zu sinken anfängt. Bio-Feedback-Apparate (Gehirnstrom-Meßgeräte) könnten die Anzahl und Höhe der verschiedenen Gehirnwellen messen und herausfinden, ob es sich um Alpha-, Beta-, Theta- oder Delta-Wellen handelt. Alphawellen werden meistens dann produziert, wenn das Interesse nachläßt und man beginnt, sich zu entspannen. Der Angestellte sollte eine Reihe von Anregungen und Möglichkeiten erhalten, wie er sich wieder regenerieren kann, um seine Arbeit fortzusetzen. Diese Gehirnstrom-Meßgeräte oder Bio-Feedback-Apparate kommen jetzt zu verhältnismäßig günstigen Preisen auf den Markt und könnten von den verschiedenen Firmen angeschafft werden. Natürlich muß bei dem Umgang mit solchen Apparaturen auf die Abgrenzung zwischen Manipulation und Weckung von Interessen geachtet werden. Der Apparat darf unter keinen Umständen eine Art Beurteilungsfaktor für den einzelnen Mitarbeiter werden. Er darf also nur vom Mitarbeiter selbst angewendet werden.

Die positiven Versuchsergebnisse in bezug auf die Arbeitsleistung und Stimmung durch die künstliche positive Aufladung der Ionen in der Büroluft lassen vermuten, daß dies in naher Zukunft auch stärker praktiziert wird, um wetterbedingte Beeinflussungen der Mitarbeiter abzumildern. Der Manager sollte sich aber auf jeden Fall auch mit diesen Problemen befassen, um einen Einblick in die Faktoren, die ihn selbst und seine Mitarbeiter beeinflussen, zu bekommen.

Vielleicht sollte man auf eine interessante Weise neue Konzepte, neue Ideen und Anregungen, ein Problem von neuem aufzugreifen, an die Wand des Büros projizieren. Auch ein Teil der wichtigen Informationen könnte auf diese Art und Weise mit Hilfe eines einfachen im Schreibtisch eingebauten Projektors verbreitet werden. Das revolutionäre Denken, das sich langsam überall ausbreitet, wird natürlich auch vor dem Büro nicht halt-machen. Es wird sich, wie ja das ganze Buch zu zeigen versucht, auf alle Gebiete der Menschenbehandlung und speziell des Managements ausdehnen. Die Büroumgebung der nächsten 10 Jahre wird sich so radikal ändern, daß sie nicht mehr wiederzuerkennen sein wird. Alle sollten eigentlich diese neuen Einstellungen und Änderungen, die uns erwarten, zur Kenntnis nehmen, angefangen bei den Leuten, die Büroplätze einrichten, bis hin zu den Leuten, die Vervielfältigungsmaschinen, Kopier-maschinen, Diktiergeräte und Computer erzeugen. Wenn sogar eine Armee die Notwendigkeit erkennt, neue Konzepte einzu-führen, und bürokratische Organisationen, wie z. B. das ameri-kanische State-Departement, sich über den Mangel an Kreativi-tät beklagen, dann ist es doch wohl Zeit, sich durch eine gründ-liche Studie darüber zu unterrichten, was die Konsequenz dieser Führungs- und Arbeitsrevolution für das Denkzentrum der modernen Organisation, nämlich für das Büro, bedeutet. Das Büro der Zukunft wird mechanische Arbeiten und Routine-arbeiten mehr und mehr von Maschinen erledigen lassen. Gleichzeitig bedeutet dies den Übergang zu einer freieren Büro-atmosphäre und zu mehr Zufriedenheit für die geistige Existenz der Menschen. Das Büro der Zukunft wird dazu beitragen, den ungehemmten oder ungehemmteren Manager zu kreieren.

Leser:
*Wie kann ich mir klar darüber werden, was für eine Funk-*
*tion unser Arbeitsplatz eigentlich hat, wenn Sie mir als Autor*
*sagen, daß die althergebrachten Klassifizierungen von Ab-*
*legen, Memos schreiben etc. nicht mehr richtig sind?*

Autor:
*Verhältnismäßig einfach. Stellen Sie fundamentale Fragen!*
*Was tun Sie, wenn Sie ein Memorandum oder eine Anordnung*
*an die Mitarbeiter schicken? Sie erklären rational, wie eine*
*Arbeit von nun an durchgeführt werden soll. Aber in Wirklich-*
*keit versuchen Sie, Ihren Mitarbeiter oder manchesmal auch*
*Ihren Vorgesetzten dazu zu bringen, seine Arbeitsweise zu*
*ändern. Sie sind also, wie es in einem späteren Kapitel be-*
*schrieben wird, mit Therapie beschäftigt. Anstatt bloß eine neue*
*Anordnung zu erlassen, könnten Sie sich überlegen, warum sie*
*bis jetzt nicht befolgt wurde, und was es für Widerstände bei*
*der neuen Anordnung geben könnte.*

*Anstatt z. B. zu schreiben: „Von nun an müssen alle Einkaufs-*
*belege in Duplikaten an die folgenden Abteilungen gesendet*
*werden," könnten Sie es dem Empfänger klarmachen, daß*
*natürlich falsche Dinge geschehen, wenn die andere Abteilung*
*nicht genau weiß, was die erste bereits getan hat.*

Leser:
*Worin liegt aber das Ungehemmtsein, das Sie ständig emp-*
*fehlen?*

Autor:
*Der Absender von Aktennotizen und Informationen könnte*
*z. B. etwas Humor einbauen in seine Nachrichten und auch*
*emotionelle Faktoren in Betracht ziehen. Er könnte sagen:*
*„Schon wieder so eine verrückte Neuordnung. Ich verstehe, daß*
*Sie nicht begeistert darüber sind. Ich bin es auch nicht. Aber*
*überlegen Sie sich einmal, wie oft eine Lieferung schiefging,*
*weil nicht genügend Information vorhanden war." Zunächst*

*werden Sie vielleicht mit der neuen Methode Schwierigkeiten*
*haben. Versuchen Sie nur einen Teil davon durchzuführen.*
*Jeden Tag etwas mehr.*

*Bald werden Sie sich daran gewöhnt haben, und ich verspreche*
*Ihnen, es wird dann viel leichter gehen. Wir sind alle dagegen,*
*Änderungen einzuführen. Sie sind nicht der einzige.*

Leser:
*Wie kann ich meine individuellen Präferenzen oder Idiosynkra-*
*sien entweder loswerden oder positiv verwenden?*

Autor:
*Vielleicht sind Sie z. B. ein Früharbeiter! Fragen Sie doch ein-*
*mal, ob Sie nicht zeitiger ins Büro kommen können, oder um-*
*gekehrt, länger bleiben können. Das ständige Zunehmen der*
*Gleitzeit in den Büros schafft hier sicherlich wesentliche Ver-*
*besserungen.*

*Eine Firma fand heraus, daß die Umsiedlung in neue Büro-*
*räme Widerstand verursachte. Sie gab jedem Mitarbeiter das*
*Recht, Blumen oder andere individuelle Wünsche zu verwirk-*
*lichen, wie z. B. einen Schaukelstuhl zu haben. Das amerikani-*
*sche Postamt hat vor kurzem den Sortierern, die eine eintönige*
*Arbeit leisten müssen, nämlich Briefe zu sortieren oder in ent-*
*sprechende Sortiermaschinen zu geben, die Monotonie durch*
*Stereomusik via Kopfhörer etwas genommen.*

*Eine Fabrik könnte einen Hobbyraum haben, den man während*
*der Mittagsstunden und auch während des Frühstücks benutzen*
*kann.*

*Rufen Sie doch Ihre Mitarbeiter und Kollegen zusammen und*
*finden Sie heraus, was für individuelle Präferenzen sie haben*
*und versuchen Sie dann, durch Kreativität oder Gruppen-*
*besprechungen neue Dinge einzuführen. Es ist noch besser, wenn*
*z. B. der eine oder andere Mitarbeiter selbst seine Spezialität*

*oder Geschicklichkeit den andern zur Verfügung stellt und*
*darüber einen kleinen Vortrag hält oder einen Kurs offeriert.*
*Der eine ist vielleicht Spezialist im Züchten von tropischen*
*Fischen, der andere schweißt Kunstwerke und Skulpturen*
*zusammen, und der Dritte sammelt alte Waffen oder Werk-*
*zeuge. Warum sollte er diese nicht zur Arbeit mitbringen und*
*seinen Kollegen zeigen? In einer amerikanischen Firma äußerte*
*kürzlich ein Installateur den Wunsch, als Autor zu schreiben.*

*Die Firma ermutigte ihn, das zu tun, und bezahlte sogar einen*
*Kursus. Als sein erstes Buch ein Erfolg wurde, war er der Held*
*des Betriebes, aber gleichzeitig auch ein sehr loyaler und guter*
*Mitarbeiter.*

*In einer Fabrik oder Werkstatt gibt es oft Spezialisten, die*
*eifersüchtig ihr Spezialkönnen für sich bewahren wollen. Der*
*fortschrittliche Manager könnte darauf hinweisen, daß er sich*
*hohe Verdienste schaffen würde, wenn er seinen Kollegen auch*
*etwas von seinen Spezialkenntnissen beibringen würde.*


Leser:
*Sie haben von Spielzeugen für Erwachsene gesprochen. Wie*
*stellen Sie sich das vor?*

Autor:
*Es gibt ja schon eine ganze Reihe guter Brettspiele, Denk-*
*aufgaben und Dinge, die man drehen oder auf- und zuklappen*
*kann, oder auch die noch bekannteren Puzzles. Ich habe z. B.*
*auf meinem Schreibtisch eine verchromte Schraube und*
*Schraubenmutter, die ich immer auf- und zudrehe. Sanduhren,*
*purzelbaumschlagende Männchen, alles kann man verwenden,*
*wenn man damit seine Hemmungen loswird.*

70

„So hab' ich das nicht gemeint, als ich Sie bat,
mir Feuer zu geben . . ."

## Allgemeine Anweisung:

*Nehmen Sie die verschiedenen neu definierten Funktionen der Arbeit, die wir in diesem Kapitel beschrieben haben, und denken sie sie durch: Wie können Sie Informationen besser aufspeichern? Legen Sie sich einen Katalog an. Darin könnte stehen, wo Sie verschiedene Dinge aufbewahrt haben, im Büro oder auch zu Hause. Sie können dann darin nachschlagen, wenn Sie schon längst vergessen haben, wo Sie eine bestimmte Unterlage, den Fahrplan oder die Landkarte, die Sie für den Urlaub oder die Geschäftsreise brauchen, hingelegt haben.*

## Denken:

*Was können Sie tun, um es zu erleichtern: Ein kleines Diktiergerät, auch für die, die nicht dauernd Kopfarbeit leisten, wäre sehr hilfreich. Eine Bibliothek von ausgefallenen Büchern, um den Geist zu schulen. Sich Zeit zum Denken freihalten. Machen Sie sich weitgehend frei von Zeit- und Raumeinengungen. Wenn Sie Platz haben, schaffen Sie sich zwei Arbeitsplätze. Arbeiten Sie auch ruhig mal in einem Park. Installieren Sie sich eine Art Drehablage, so daß Sie diese jeweils zu einer bestimmten Arbeitsfunktion drehen und gleichzeitig an mehreren Dingen arbeiten können.*

## Aktionsmotivierung:

*Lassen Sie sich von Mitarbeitern oder der Sekretärin oder einer Frau zu Hause aktivieren. Schreiben Sie eine Liste von Aufgaben auf Ihre Tür oder auf eine Tafel, und streichen Sie die erledigten Dinge aus. Sie machen sich dadurch den Fortschritt dreidimensional klar.*

*Der allgemeine Rat ist, sich von althergebrachten Routinen weitgehend zu lösen und Ihr eigener, ungehemmter Berater zu*

werden. Ist es wirklich notwendig, einen Brief so langweilig zu
schreiben? Kann man wenige Dinge ansammeln und Papier-
berge vermeiden? Könnten Werkzeuge und Arbeitshilfen z. B.
von der Decke herunterhängen oder mit einem Draht heran-
gezogen werden? Gerade bei Handwerkern könnte damit
vermieden werden, daß man dauernd danach sucht und viel
Zeit verschwendet.

## IV. Bürowelt – Hindernis oder Hilfe
## für den neuen Start

Als seinerzeit Präsident Kennedy sein neues Amt antrat, war das erste, was er tat, sein Büro mit Hilfe von Jacqueline vollkommen neu einzurichten. Seine Überlegung dabei war, daß dieser Raum eigentlich vielmehr von ihm benutzt werden würde als alle anderen Teile des Weißen Hauses. Er wollte gleichzeitig ständig an seine neuen Aufgaben erinnert werden.

Wenn der normale Sterbliche einen neuen Job annimmt, ist er meistens gezwungen, Büromöbel, die von seinem Vorgänger hinterlassen wurden, zu übernehmen. Er versucht, den Vorgänger durch eine gründliche Reinigung zu vertreiben wie einen üblen Geist. Hinter diesen Gefühlen steckt viel. Wir haben es fast mit einem Geburtsritual zu tun. Viele der neuen Funktionen, die wir im vorhergehenden Kapitel besprochen haben, finden ihre konkrete Umsetzung auch in einer neuen Bürowelt. Das klingt heute noch wie eine phantastische Idee, aber vielleicht werden wir in nicht allzuferner Zukunft unsere eigenen persönlichen Büromöbel haben, die uns auf unseren verschiedenen Jobs begleiten. Oder wir wechseln die Möbel, um einen neuen Start zu symbolisieren. Zumindest sollten wir die Gelegenheit haben, unsere Büromöbel auszuwählen und selbst zu entscheiden, welche Stilarten uns am glücklichsten machen, und welche am besten zu unserer Persönlichkeit passen. Wir sind noch sehr weit entfernt von dieser Möglichkeit. Stattdessen müssen die meisten von uns Möbel akzeptieren, die aus Gründen des Formats oder der Rationalisierung dastehen, oder wir müssen die Möbel unseres Vorgängers einfach übernehmen. Das bezieht sich sowohl auf das Sekretariat als auch auf den Manager. Eines der Prinzipien, auf denen unsere gesamten

Vorstellungen ruhen, ist, daß sich das Leben ständig ändert und erneuert. Das gilt auch für den Beruf.

Wir haben herausgefunden, daß der rein nützliche Wert eines Produktes oder einer Dienstleistung nur ein Teil seiner Rolle ist. Es gibt nur ganz wenige Objekte, die nicht gleichzeitig eine emotionelle oder symbolische Funktion haben.

Die Motivforschung versucht, genau diese unterschwelligen Bedeutungen herauszufinden und beschäftigt sich mit den Dingen, die unter der Oberfläche liegen. Wir fragen Menschen, Konsumenten oder Manager nicht, warum sie ein bestimmtes Produkt kaufen oder nicht kaufen, sondern verwenden eine indirekte Form der Fragestellung und Forschung. Tiefeninterviews erlauben uns, die oft unbewußten wirklichen Faktoren, die eine Haltung oder eine Aktion beeinflussen, an die Oberfläche zu bringen. Dies kann dann als Ansatzpunkt für die Erneuerung bzw. Änderung verwendet werden.

Wenn Sie eine Durchschnittsperson fragen, was für eine Art von Büroeinrichtung sie möchte, werden Sie als oberflächliche Antwort hören, daß sie einen Schreibtisch und einen Sessel haben möchte, der größere Produktivität ermöglicht oder einfach bequem ist. In Wirklichkeit sind die Büroangestellten mehr darauf bedacht, sich in ihrem zweiten Heim, in ihrem Büro, glücklich zu fühlen, nicht nur mehr Arbeit zu produzieren und sich zu aktivieren. Leistungsabfall kann oft durch eine neue Umgebung und andere Kulissen aufgehalten werden. Es sollten vielleicht viel größere Flächen an den Wänden für Bilder, Plakate und Aufstellungen verwendet werden. Türen könnten mit plastischen Belägen für Schreibzwecke versehen sein. Viele der europäischen Büros sehen, anstatt sich auf die Individualität der Menschen, die dort arbeiten, einzustellen, eher wie Gefängniszellen aus, und sind vollkommen ohne irgendeine Dekoration oder Differenzierung. Es wird nötig sein, Künstler und Architekten hinzuzuziehen, um das Büro der Zukunft in einem Stil zu entwerfen, daß es die Persönlichkeit

der Leute, die darin arbeiten, reflektiert. Es gibt keinen Grund
dafür, warum Büros nicht frische Blumen oder sogar eine Art
von eingebautem Miniaturglashaus enthalten könnten.
Aquarien oder eine Blumenvase, die in die Möbel eingebaut
sind und immer mit frischem Wasser gefüllt werden können,
sollten ein fester Bestandteil eines modernen Schreibtisches sein.
Die Größenverhältnisse des Körpers sollten in der Höhe von
Sesseln, Möbelstücken und Schreibtischen mehr in Betracht
gezogen werden.

*„Was ist bloß mit mir los? Jeden Morgen um die gleiche Zeit*
*fühle ich diesen Druck im Magen."*

Wir haben sogar Untersuchungen durchgeführt, in denen wir
herauszufinden versuchten, inwieweit Wanddekoration oder
Tapeten in ihrem Dessin im Einklang mit der Psyche des
Menschen stehen. Eine kleine Person braucht z. B. Dekorationen
und Farben, die sie nicht bedrücken. Eine große Person hingegen braucht, um in einem Büro sich wohlzufühlen, größere
Dessins.

Wenn jemand Pistolen oder Segelschiffe liebt, gibt es keinen Grund, warum man nicht eine Ausstellung dieser Lieblingsstücke an der Wand möglich macht. Durch die Verwendung von Dias, die an die Wand projiziert werden, kann man verschiedene Farben und Zeichnungen so lange ausprobieren, bis man diejenigen gefunden hat, mit denen man wirklich angenehm leben kann. Wir haben kürzlich eine Überschrift einer Anzeige für Büromöbel in einem Copytest geprüft. Es wurde die Überschrift: „Wie man die Büroproduktivität um das Fünffache erhöhen kann" verglichen mit der anderen Überschrift „Wie Sie fünfmal glücklicher in Ihrem Büro werden können". Die zweite Headline hatte viel mehr Erfolg als die erste.

Die Motive der Menschen zu verstehen, ist nicht bloß eine interessante akademische Aufgabe, sondern hat ganz gewaltige praktische Auswirkungen auf das moderne Management. Es kann in bezug auf Ihre Verkaufsbemühungen den Unterschied zwischen Erfolg und Mißerfolg bedeuten oder das Funktionieren oder Nichtfunktionieren des ganzen Büroapparates. Menschliche Bedürfnisse und Ansprüche sowie deren Befriedigung bleiben nicht stehen. Der Manager der 70er Jahre wird sich in vielfältiger Weise von dem, den es vor 5 oder 10 Jahren gab, unterscheiden. Büromöbel sind bloß ein Symbol. Sie sind der sichtbare Ausdruck, um das Wachstum, die Entwicklung und die Änderung im Berufsleben einer Person aufzuzeigen. Der große Schreibtisch, das größere Büro sind Symbole von größerem Erfolg, ungeachtet dessen, ob das falsch oder richtig ist.

Bei einer Studie für eine Firma, die Safes herstellt, fanden wir heraus, daß Manager oder Unternehmer sich oft weigerten, neue Safes zu kaufen, weil sie das Gefühl hatten, daß das Unternehmen strukturell unverändert bleiben würde.

Sie verschoben den Verkauf des alten Safes oft, weil sie zunächst einmal herausfinden wollten, wie sehr und ob sie sich eigentlich entwickeln würden. Nachdem sie sich hierzu entschlossen hatten, fand gleichzeitig eine Art von emotioneller Verknüpfung mit dem alten Safe statt. Als die Herstellerfirma einmal versuchte, alte Safes durch neue zu ersetzen, und unglücklicherweise einen Vergleich mit alten Pferden und alten Kühen in der Werbung verwendete, ging das vollkommen schief.

Man sprach davon, daß die alten Safes wie alte Pferde zusammengeholt und aus dem Verkehr gezogen werden müßten. Die beste Verwendung wäre noch, sie als Anzahlung für neue Safes zu verwenden. Wenn dieses Verkaufsargument auch vollkommen vernünftig war, so haben sich doch viele angeblich rational denkende Geschäftsleute geweigert, ihren alten, fast geliebten „Freund", den alten Safe, aufzugeben. Unsere Motivstudie zeigte, daß der Safe eine wichtige Rolle im Geschäft und im Leben des Managers oder Unternehmers spielt. Wir entwickelten dann eine vollkommen neue Werbeidee, die stark von der alten abwich. Ein Aspekt dafür war, die Flexibilität und Adaptivität der neuen Safes zu betonen. Wir haben einen wachsenden Safe entwickelt, dessen Innenraum durch die verschiedenen Unterabteilungen größer oder kleiner gemacht werden konnte. Eine andere Idee war, anstatt darüber zu reden, daß der alte Safe verschrottet würde, oder wie ein ausgedientes Pferd behandelt, sich vorzustellen, daß er jetzt pensioniert würde und ihm die wohlverdiente Ruhe, die man alten Freunden nach harter Arbeit schuldig ist, zuteil werden läßt.

Wir haben oft Angst vor Neuerungen. Eine große Erleichterung beim Überwechseln kann durch das Versprechen, daß der neue Job oder die neuen Möbel wie alte Bekannte sind, erreicht werden. Büromöbel haben sehr tiefliegende emotionelle Funktionen. Ein Schreibtisch oder ein Sessel sind wie ein Paar Schuhe. Viele Männer weigern sich, neue Schuhe zu kaufen, weil sie sich so an die alten gewöhnt haben, ganz gleich, wie schäbig sie aussehen oder wie schlecht sie sitzen. Die neuen Schuhe repräsentieren für sie eine unangenehme Änderung. Den modernen Manager dazu zu bewegen, Änderungen einzuführen, hat mit ähnlichen Schwierigkeiten zu tun. In unserer Werbekampagne für eine der großen Schuhfirmen haben wir dieses emotionelle Gefühl der Bequemlichkeit und Vertrautheit mit dem alten Schuh verwendet, indem wir die alten Schuhe einfach in der Werbung gezeigt haben und bei unseren Testanzeigen dazu sagten: Ja, wir verstehen, daß Sie diese alten Schuhe lieben, aber wir versprechen Ihnen, daß Sie sich fast so wohl in unseren neuen Schuhen fühlen werden. Diese Kampagne hatte großen Erfolg. Ganz ähnlich müßte man vorgehen, wenn man alte Büromöbel durch neue ersetzen will.

Welche psychologischen Faktoren muß man berücksichtigen, wenn man die Büroatmosphäre mehr in Übereinstimmung mit der modernen Managementhaltung bringen und wirkungsvoll gegen Routine und Langeweile ausrichten will?

Wie wir schon gesagt haben, wissen wir aus Erfahrung, daß ein Manager sich oft weigert, seine Methoden oder seinen Beruf zu wechseln, weil er sich an die physischen Aspekte seiner täglichen Arbeit gewöhnt hat, und die Begnügungstendenz den meisten Menschen anhaftet. Er kennt jedes Detail: Den Weg zum Büro, die Anordnung der Schubfächer und Laden seines Schreibtisches und die Tücken der Hängeregistratur, die immer genau an derselben Stelle stecken bleibt, wenn man die Lade herauszieht. Die Situation, wenn ein Büro vollkommen neu eingerichtet und die ganze Atmosphäre geändert wird, indem man die alten Möbel herauswirft, tritt viel seltener ein als z. B. die Umstrukturierung des Mobilars in einer Wohnung. In der Beeinflussung des Managements haben Dekorateure und Büromöbelfabrikanten eine sehr wichtige Rolle, nämlich diese emotionelle Verknüpfung zwischen den Büroarbeitern und ihrer Umgebung richtig zu verstehen. Sie müssen die vertraute Familiarität in der neuen Umgebung erreichen und gleichzeitig mit einem Gefühl des wirklichen frischen Starts, des Fortschritts und der Verbesserung verbinden. Dies gilt natürlich ebenso in bezug auf die Umwandlung des gesamten Büros und seiner psychologischen Umgebung.

Man wird vielleicht in den neu entwickelten Büromodellen Regale haben, die eine Sammlung von neuen Ideen aufnehmen, vielleicht sogar Ausstellungen von Neuigkeiten und neuen Entdeckungen aus den verschiedensten Bereichen, die unter Umständen überhaupt nichts mit unserer Arbeit direkt zu tun haben. Die Ablage von Unterlagen sollte nicht in einer herkömmlichen alphabetischen Ordnung organisiert sein, sondern vielleicht, nach Themen geordnet, so einladend gemacht werden, daß man aus der Durchsicht eines Vorgangs neue Ideen entwickeln kann und stimuliert wird. Unter dem Begriff „Promotion" haben wir vielleicht eine Liste von neuen Marktgruppen.

Bücher, die wir in unserer Bibliothek haben, werden mit Zusammenfassungen des Inhalts und unseren Auswertungen auf ihrem Rücken versehen sein, anstatt nur mit der Angabe des Titels, Autors und Verlags.

Die Büros werden sich mehr und mehr von den quadratischen, rechteckigen Formen und ordentlichen und braven puritanischen Strukturen entfernen, also auch viel zwangloser sein. Die Büros könnten mehrere Arbeitsebenen haben und sollten zumindest so gebaut sein, daß man so flexibel sein kann und man seine Positionen des öfteren während des Tages wechseln darf. Ich habe jetzt einen solchen Puzzle-Schreibtisch entworfen, wo vier Schreibtische in verschiedener Weise gruppiert werden können. Dies wird dadurch erreicht, daß jeder Schreibtisch eine Seite in Dreiecksform hat.

Immer wieder machen wir die Erfahrung, daß mit der weiteren Entwicklung des gemeinsamen Marktes und des internationalen Handels bessere Kenntnisse von fremden Sprachen notwendig werden. Warum denn nicht Sprachlaboratorien, wo Karten mit Vokabeln den ganzen Tag auf einen kleinen Monitor projiziert

werden können, einbauen? Sicherlich macht es Spaß, sich z. B.
mit der Fauna oder Flora eines Landes bildlich bekannt-
zumachen und damit gleichzeitig in den verschiedenen Sprachen
die Namen der Tiere und Blumen kennenzulernen.

Aus einer ganzen Reihe von Fachzeitschriften kann wertvolles
Material herausgeschnitten werden. In den Zeitschriften selbst
könnten schon die Begriffe, unter denen die verschiedenen Beiträge abgelegt werden könnten, eingedruckt sein.

## Individualität als neues Statussymbol

Es ist natürlich nichts Neues, festzustellen, daß Büromöbel und
damit allgemein die ganze Büroumgebung einen Prestigewert
hat. Daneben ist es aber interessant, zu erkennen, daß der
moderne Manager nicht notwendigerweise immer die Größe
und die Eleganz als Ausdruck seiner Stellung ansieht. Er
beginnt sich vielmehr in steigendem Maße dafür zu interessieren, seine Individualität auszudrücken. Die modernen
Büromöbel sind zu standardisiert, zu gleichförmig, um in
Zusammenhang mit dieser neuen Motivation gebracht zu
werden. Die meisten Menschen, die in Büros arbeiten, haben
nicht nur verschiedenartige Aufgaben, sondern repräsentieren
natürlich auch verschiedenartige Persönlichkeiten. Einige der
neuen Erkenntnisse, die wir hier zusammengetragen haben,
beziehen sich genau auf die Notwendigkeit, einen Manager
dadurch produktiver zu machen, daß man sich mehr auf seine
Persönlichkeit und Individualität einstellt. Eine neuartige
Arbeitseinteilung, die Verteilung verschiedener Funktionen
innerhalb des Betriebes, sollte Menschen nach ihrer Vorliebe für
visuelle, akustische oder taktile Beschäftigung einsetzen oder
auch darauf Rücksicht nehmen, daß manche Menschen allein
arbeiten wollen und andere wieder in offenen Räumen, wo sie
des öfteren mit ihren Mitarbeitern zusammenkommen. Diese
Ideen werden in modernen Schulen praktiziert, sind jedoch
bisher noch nicht auf das Management-Gebiet übernommen
worden.

„Kleinere Haustiere im Büro können gleich eine ganz individuelle
Atmosphäre schaffen . . . "

Die Beziehung zwischen dem Persönlichkeitstyp und der Büroumgebung kann auf verschiedene Weise ausgedrückt werden. In
Japan z. B. gibt es eine strikte Trennung zwischen dem Arbeitsplatz und dem Büroteil, der für die sozialen Zwecke benutzt
wird. In jedem Managerbüro findet man einen Bereich mit
einem Schreibtisch und einen streng davon, oft durch eine Wand
getrennten anderen Bereich, in dem Tee oder andere Dinge
serviert werden, und in dem man einen Geschäftskollegen
empfängt. Aber auch ein Schreibtisch selbst könnte in Sektionen
eingeteilt werden, in welche, die die eigene Individualität
betonen, und andere, die der Arbeit dienen. Es gibt Menschen,
die es vorziehen, sich hinter einem Schreibtisch zu verbarri-
kadieren, und andere, die lieber frei herumgehen, um Kontakt
mit den Mitarbeitern und Besuchern herzustellen. Warum
könnte nicht die Arbeitsplatte eines Schreibtischs weggeklappt
oder in einer Nische zum Verschwinden gebracht werden?

Das Büro könnte auch so eingerichtet werden, daß es verschiedene Ebenen hat. Der Schreibtisch könnte auf einer
erhöhten Plattform stehen. Dadurch, daß man auf diese Plattform heraufsteigen muß, kann ein dynamischer Effekt erzielt
werden. Ein weiterer Vorteil wäre, daß der Schreibtisch von
der anderen Seite als Stehpult verwendet werden könnte. Es
sollte auch verschiedene Möbel für Frauen und Männer geben
und möglicherweise auch für verschiedene Altersgruppen. Nachdem man die psychologischen und physiologischen Bedingungen
der verschiedenen Mitarbeiter studiert hat, könnte man dem-
entsprechend dann die Büros umorganisieren und auf diese
Weise dem Wunsch nach Originalität Rechnung tragen.

### Mehr Angestellte als Arbeiter

Zunehmende Automation wird mehr und mehr Menschen in die
Gruppe der Angestellten bringen. Menschen, die hinter einem
Schreibtisch sitzen, ihr Gehirn verwenden und mehr sekre-
tarielle und materielle Geschicklichkeit brauchen als früher. Die

ganze Bürogestaltung und auch die Einrichtung von Fabriken haben diese Umwandlung zu wenig in Betracht gezogen. In vielen Fällen wird ein großer Betriebsraum von einem Mann oder einer Frau mit Hilfe einer elektronischen Anlage betreut, ohne daß wirkliche manuelle Arbeit zu leisten wäre. Wie kann eine solche Person mehr leisten, vor Lärm und anderen Störungen geschützt werden und trotzdem nicht vor Langeweile umkommen? Das sind Probleme, mit denen sich Architekten und Büroplaner in Zukunft beschäftigen werden müssen.

*Die „Pferdewagen-Einstellung" wird eliminiert werden müssen.*

Wenn wir uns im Büro und in der Fabrik richtig umschauen, müssen wir feststellen, daß sich vieles noch in einem Anfangsstadium befindet, etwa vergleichbar mit dem Beginn der Automobilentwicklung. Man ging damals einfach davon aus, daß man einen Motor an eine Karosserie der Pferdekutsche anbauen müßte. Die ersten Autos sahen daher auch tatsächlich wie Pferdekutschen ohne Pferde aus. Es hat noch viele Jahre gedauert, bis man allmählich dahintergekommen ist, daß man keine Pferde mehr braucht und es deshalb nicht mehr notwendig und sinnvoll ist, die alte Form der Pferdekutsche beizubehalten.

Der Schreibtisch ist heute immer noch mehr oder weniger eine Art Tischablage. Die Schränke bestehen einfach aus einer Reihe von Schubladen und Bücherregalen und sind seit einigen hundert Jahren die gleichen geblieben. Wir meinen, daß es Zeit ist, ganz neu an diese Werkzeuge des Managers heranzugehen, und sich zu überlegen, was zu den Aktionen und Arbeitsfunktionen gehört, die in einem modernen Betrieb durchgeführt werden. Was sind denn eigentlich diese Funktionen?

Das Schreiben von Briefen, verschiedene Akten verschiedenen Vorgängen zuzuordnen, das Telefon zu bedienen und Bleistift, Feder und Papier zu verwenden. Ein sehr großer Teil der

Bürofunktionen speziell am Schreibtisch betrifft Denken und Lesen. Hat man eigentlich einmal darüber nachgedacht, was die bequemste Lesestellung ist? Die Antwort ist ganz einfach. Es wird am häufigsten, wenn man es freiwillig tut, in einer liegenden Position gelesen. Könnte man nicht deshalb Sessel entwickeln, die sich sehr weit nach hinten klappen lassen, oder Schreibtische, die es erlauben, Materialien, Bücher und Dokumente so aufzustellen, daß man sie von einer horizontalen Position aus gut lesen und sehen kann? Eine Schreibtischplatte, die man zum Lesen in eine Schrägstellung bringen kann, wäre sicherlich auch schon ein Fortschritt. Sicher könnte man viel Zeit sparen, wenn man mit Hilfe von Projektoren oder anderen technischen Hilfsmitteln Informationen an die Wand eines Büros projiziert. Diese Informationen könnten dann alle in dem Büro Arbeitenden gleichzeitig aufnehmen.

Wenn es nötig sein sollte, könnte man vielleicht eine Art Spanische Wand hinter oder vor sich aufstellen. Dadurch ließe sich ein höherer Grad an Konzentration erreichen. Das Übersenden von Memoranden speziell in Regierungsorganisationen ist vollkommen überflüssig und passé. Trotzdem wird es noch weiter betrieben. Mikrofotografie, Diktierplatten und viele andere technologische Entwicklungen müßten dem modernen Manager vertraut sein, so daß er schon jetzt beginnt, sich vollkommen umzustellen. Auch die Video-Geräte werden in naher Zukunft vielseitig eingesetzt werden können.

Warum können die Schreibtische nicht eingearbeitete Vertiefungen für Material, wie Bleistifte, Brieföffner, Lineal usw. haben? Erste Versuche haben die Hersteller von Kunststoffschreibtischen in diese Richtung gemacht und so erreicht, daß die eigentliche Arbeitsfläche größer wird. Manche Menschen – nicht nur in Amerika – lieben es, ihre Füße auf den Schreibtisch zu legen, um sich etwas auszuruhen. Wir haben immer noch das Gefühl, daß dies irgendwie ungehörig ist. Warum können wir diese Gewohnheit nicht einfach akzeptieren und tatsächlich z. B. Fußstützen in Schreibtische einbauen? Altmodische Büromöbel haben oft diese und andere Funktionen besser erfüllt. Ähnlich wie z. B. der Scheibenwischer an den hinteren Fenstern der Autos äußerst praktisch war und aus irgendeinem Grunde bei neueren Modellen wieder verschwunden ist. Altmodische Schreibtische hatten in den verschiedensten Formen Regale auf der Rückseite und auch verschiedene Geheimfächer, in denen besonders wichtige Papiere aufgehoben werden konnten. Sogar die viel belächelten Stehpulte müssen verteidigt werden. Die meisten der älteren Manager wären besser daran, wenn sie wenigstens Teile ihrer Aufgaben stehend verrichten könnten.

## Offene Büros, ein neues Konzept

Ein Bestseller, der vor kurzem erschien, heißt „Die offene Ehe". Die Idee, die dahinter steckt, ist nicht neu. Verheiratete Paare sollten sich gegenseitig mehr Freiheit geben, als es bei einer Ehe sonst der Fall ist. Könnte man dieses Konzept nicht auf das moderne Management anwenden? Es nähert sich bedenklich der Sklaverei, wenn man Jahr für Jahr, Tag für Tag in dasselbe Büro oder dieselbe Fabrik gehen muß. Warum kann der Manager nicht mehrere Arbeitsplätze haben? Ist er eine Umgebung leid, setzt er seine Arbeit auf einem anderen Platz fort. Dabei müßte die Rotation dann so organisiert werden, daß kein kostspieliger Büroraum leersteht. Ein noch einfacherer Weg wäre der, daß jedes Büro mehrere Bereiche hätte für verschiedene Stimmungen und Aktivitäten. Man könnte auch durch verschiedene Beleuchtungen oder das Projizieren von Bilder an die Wände diese Effekte erzielen. Auf diese Weise ließen sich „Sommer- und Winterbüros" schaffen. Man könnte Berge, Seen und das Meer mitten in die Arbeitswelt hineinzaubern.

Der Manager sollte die Möglichkeit haben, seine Routine von Woche zu Woche zu wechseln, um psychologische Betriebsblindheit zu vermeiden. Zu viele Menschen sind unfrei in einer Welt, die, würde sie richtig ausgenutzt, ihnen willig Freiheit gewähren würde und sie dadurch ständig mit neuen Ansätzen versorgen könnte.

*„Der Alte mit seinem Alpentick übertreibt wirklich; jetzt kommt er
schon jeden Morgen mit den Akten im Rucksack ins Büro.“*

Sie könnte in ein unbegrenzt offenes Leben führen, ohne das
Gefühl zu haben, zu stagnieren.

Mit der Entwicklung der Technologie werden wir unsere
Moralgefühle neu analysieren und zweimal darüber nachdenken
müssen, ehe wir blind das Gesetz der Erbsünde akzeptieren,
nämlich die Notwendigkeit, daß wir im Schweiße unseres
Angesichts arbeiten müssen. Nach meiner Meinung müssen wir
vielmehr lernen, die Last des guten Lebens zu ertragen, d. h.,
eines Tages werden alle Menschen, die zur Arbeit gehen, das
Gefühl haben, daß der Unterschied zwischen Freizeit und

Arbeit nicht mehr groß ist, und daß sie nicht unbedingt sklavenähnliche Arbeit in einem Bergwerk verrichten müssen, um ein beruhigtes Gewissen zu haben.

Es gibt keinen vernünftigen psychologischen Grund, warum der Unterschied zwischen einem Beruf, einem Hobby und einem Job weiter aufrechterhalten werden soll. Indem wir diese Vereinigung von Lebensstilen erreichen, was ja schon lange für den Künstler und den Handwerksmeister der Fall ist, werden wir eine neue Einheit des Lebens erzielen. Diese Einheit kann zum Großteil auch abhängig sein von der richtigen Gestaltung und der richtigen Auswahl der Symbole und Werkzeuge. Die psychologische Büroumgebung repräsentiert einen wichtigen Teil dieser Aura, die weit über das bloße Material, wie Holz, Stahl oder Aluminium hinausgeht.

Leser:
*Ich bin ja nicht in der Möbelbranche. Wie kann ich den
Fabrikanten beeinflussen?*

Autor:
*Sie könnten einen Plan machen von Ihrer Arbeitsstätte und ihn
dem Fabrikanten einschicken oder eigene Möbelstücke entwerfen und vom Erzeuger herstellen lassen oder selbst
zusammenbasteln, und vielleicht können Sie die für Sie
geeigneten Möbelstücke aus ganz anderen Lebensbereichen
übernehmen. Es muß ja auch nicht gleich ein ganzes Möbelstück
sein. Oft hilft schon die richtige Anordnung des alten Mobiliars.
Studieren Sie hierfür Ihre eigenen Gewohnheiten auch zu
Hause: Wieviel unnötige Schritte machen Sie am Tag? Könnten
sie durch Umstellung oder mobile Tische etc. vermieden
werden?*

*Tragen Sie unbequeme Kleidung bei der Arbeit oder noch lange,
nachdem Sie zu Hause angekommen sind? Lernen Sie von den
Japanern, die sofort in einen Kimono schlüpfen, wenn die
Arbeit zu Ende ist. Versuchen Sie mal, Ihre Haltung, z. B. beim
Lesen, zu verändern, und beschaffen Sie sich Möbel oder
Gegenstände, wie verstellbare Sessel, die diese Funktion unter-
stützen.*

Leser:
*Wie kann ich meinen Chef davon überzeugen, daß eine
gelockerte Atmosphäre im Büro der Arbeit insgesamt zugute
kommt?*

Autor:
*Sie könnten ihm einige Neuerungen als Experiment vorschlagen
und mit ihm ausmachen, daß, wenn diese neuen Maßnahmen
nicht funktionieren, Sie freiwillig zu dem alten Schema zurück-
kehren wollen. Oft kann man schon mit mehr Farbe und Schönheit in der Fabrik, im Büro oder im Laden eine ganze Menge
erreichen. Verkäufer sollten die Möglichkeit haben, sich auch*

„Nichts zu machen! Er meint, als barocker Typ
würde Neon nicht zu ihm passen . . ."

*einmal hinzusetzen und dadurch Übermüdung zu vermeiden.*
*Für eine englische Firma haben wir vorgeschlagen, daß die*
*Verkäufer von Herrenkleidung zunächst einmal eine Art von*
*Beratungsgespräch mit dem Kunden sitzend durchführen.*

*Beide haben es so weniger eilig und können viele Dinge in Ruhe*
*besprechen, die dann die Auswahl erleichtern.*

*Das Columbia-Broadcasting-System erlaubt allen Angestellten,*
*ihre eigenen Möbel entweder mitzubringen oder sie aus einem*
*Arsenal auszusuchen. Sie gibt gleichzeitig Ratschläge, wie man*
*dabei innerhalb einer guten Geschmacksgrenze bleibt.*

Leser:
*Sollte man auch Klima und Geruch im Büro oder am Arbeits-*
*platz verbessern?*

Autor:
*Natürlich spielt auch der Geruch beim allgemeinen Wohl-*
*befinden eine große Rolle. Das Angebot an Sprays ist ja so*
*groß, daß man sicherlich hier ohne große Kosten eine Ver-*
*besserung erreichen kann.*

*Auch die Beleuchtung spielt eine große Rolle. Zu oft gibt es*
*nichts als die grellen Neonlichter. Stattdessen sollte man mehr*
*mit farbiger und auch individueller und interessanter Beleuch-*
*tung experimentieren. Man kann oft einen Laden, ein Büro*
*oder einen anderen Raum durch Beleuchtung in kleine intime*
*Sektionen teilen.*

## V. Der Manager als Therapeut

Wir sind alle heute viel zu sehr auf den Kunden fixiert. Sehr oft hängt unser ganzes Geschäft davon ab, ob wir seine Wünsche befriedigen können oder nicht. Wenn wir an den Angestellten- oder Mitarbeiterstab denken, denken wir an sie wie an Sklaven. Sie sollen unsere Befehle akzeptieren, oder es wird ihnen schlecht bekommen. Auch wenn diese Taktik teilweise funktioniert, besonders in Zeiten von Arbeitslosigkeit und Wirtschaftskrisen, ist es nicht die psychologisch geschickteste Art, zu managen. Unter den 10 modernsten Prinzipien, die wir in diesem Buch zusammengefaßt haben, müssen wir auch die Idee diskutieren, ob nicht der Manager in Wirklichkeit sehr oft ein Verkäufer oder noch mehr als dies ein Psychotherapeut sein muß. Das gilt vor allem im Hinblick auf ihn selbst, aber er muß seine Psychotherapie auch auf seine Mitarbeiter ausdehnen. Viele Verkaufs- und Ausbildungsprogramme funktionieren deshalb nicht, weil sie bloß wie Aufputschmittel verwendet werden. Der Verkäufer oder der Abteilungsleiter wird dazu animiert, mit Hilfe der raffiniertesten Methoden mehr zu arbeiten, mehr zu produzieren und dadurch mehr Profit für die Firma und sich selbst herauszuholen. Wenn es auch in den wenigsten Fällen so ausgedrückt wird, wird hier eine psychologische Peitsche in einer sichtbaren oder unsichtbaren Form verwendet, die man hinter dem Rücken des Angestellten schwingt und ihm damit droht, daß, wenn er sich nicht mehr Mühe gibt, er entweder degradiert wird oder sogar seine Stellung verliert.

Wir kennen diese Art von Motivierung aus unserem Familienleben, wo Belohnung und Bestrafung die normalen Erziehungsmittel sind. Auch in der Schule wird nach dem gleichen System vorgegangen. Je mehr und fleißiger wir lernen und studieren, desto besser sind unsere Noten. Wenn wir nachlässig werden, dann bleiben wir sitzen und müssen die Klasse wiederholen. Auf diese Art und Weise werden schon den Kindern die Spielregeln des Leistungsprinzips beigebracht.

Es gibt aber inzwischen zahlreiche Beweise dafür, daß diese konventionelle Art des Arbeitens mit dem Schüler sehr oft neben dem momentanen Erfolg auch sehr großen Schaden anrichtet. Die Persönlichkeit wird falsch beeinflußt, und wir haben es im Grunde mit einer sehr erfolglosen Art des Managens einer anderen Person zu tun.

Das Problem beginnt, wie schon gesagt, häufig bei dem Manager selbst, ungeachtet, wie einflußreich seine Stellung ist. Er „peitscht" sich selbst und zwingt sich zu immer größeren Erfolgen. Es gibt aber zumindest zwei Arten, wie man das erreicht. Die eine ist, aus Angst vor Konkurrenz andere zu überflügeln, die andere entspringt einer internen Motivierung: Man will sich selbst beweisen, daß man ungeahnte Qualitäten hat, die man nur richtig einsetzen müßte.

In einem Buch, das vor kurzem erschien und das seltsamerweise ein Bestseller wurde, mit dem Titel „Jonathan Livingston Seagull" (Die Möwe Jonathan) von Richard Bach, wird interessanterweise die angeblich permissive Philosophie der jungen Menschen, die heute vorherrscht, angegriffen. Die in dem Buch beschriebene Möwe versucht, immer höher und höher zu fliegen und neue Methoden anzuwenden, und beweist, daß die Selbstmotivierung, eine möglichst gute Leistung zu vollbringen, fast wichtiger ist, als das Ziel zu erreichen, und daß man Spaß am Versuch haben kann, das Ziel zu erreichen. Der Versuch kann schon die ganze Erfüllung bedeuten und nicht nur die halbe. Das Schlüsselwort hierfür ist einfach inneres Wachstum.

Modernes Management erkennt immer mehr, oder sollte dies wenigstens tun, daß man in Wirklichkeit nicht einen Arbeitsplatz erhält und seine Arbeit richtig macht, sondern daß man, wenn man richtig motiviert ist, seinen Beruf selbst weiterentwickelt und damit gleichzeitig auch die eigene Persönlichkeit. Wenn dies nicht der Fall ist, dann wird das Peter-Prinzip die dominierende Philosophie. Das heißt, ich gehe so weit, wie es mir meine natürliche Mittelmäßigkeit erlaubt und bleibe dann stehen. Denn, wenn ich mich zu sehr bemühe, dann riskiere ich zu viel. Ich erwecke Eifersucht. Ich mache mich und die anderen unglücklich.

Ich verteidige deshalb auf möglichst risikolose Weise meine Position, die ich erreicht habe und in der ich mich wohlfühle.

Wenn wir über das heute sehr aktuelle Thema Humanisierung der Arbeit sprechen, dann müssen wir uns darüber klar werden, daß bürokratische Routine oft auf Angst und Furcht basiert. Diese Tätigkeiten stellen dann tatsächlich die inhumansten Formen von Arbeit dar. Es gibt eine Reihe von Wegen für das moderne Management auf psychotherapeutischem Gebiet, die vielleicht im ersten Augenblick schockierend wirken.

Der Manager, der sich selbst verkauft, und auch der Verkäufer selbst können, wenn sie als Therapeuten vorgehen, nur dann erfolgreich sein, wenn sie dem Käufer Vertrauen einflößen. Dabei ist es egal, ob der „Käufer" der Mitarbeiter oder tatsächlich ein Kunde ist. Der Rat, den wir geben möchten, lautet: Der „Therapeut" sollte nicht eine fremde Rolle spielen wollen, sondern muß lernen, sich selbst richtig in den Vordergrund zu stellen. Mit andern Worten, der Manager der Zukunft hat die Aufgabe, zunächst einmal herauszubringen, was er wirklich ist. Dann sollte er diese seine tatsächliche Persönlichkeit voll entwickeln. Zu viele Managementkurse und -bücher empfehlen das genaue Gegenteil, indem sie versuchen, dem Manager zu sagen, wie seine Persönlichkeit eigentlich sein müßte. Wir glauben, daß es viel moderner und realer ist, dem Manager zu helfen, sich selbst zu verwirklichen.

Management heißt eigentlich, einen Dialog herzustellen. Wenn man jemanden engagiert oder versucht, einen Mitarbeiterstab auszubauen, dann sollte der Manager sehr viel über sich selbst reden und auch den Mitarbeiter dazu bringen, aus sich herauszugehen und über seine Probleme zu sprechen, z. B. was ihm am Herzen liegt, wovor er sich fürchtet, ob er glaubt, daß er falsch oder richtig eingesetzt ist. Es könnte sogar einen Kreis von leitenden Mitarbeitern geben, die sich regelmäßig am Ende einer Arbeitswoche zusammensetzen und versuchen, herauszufinden – etwa wie die Vorposten bei kriegerischen Unternehmungen –, ob irgendwelche Angestellten Unzufriedenheit oder Langeweile gezeigt haben. Der Manager würde im gewissen Sinn eine Art von Gruppentherapie betreiben, wobei er sich selbst gehenläßt oder dem Angestellten erlaubt, dies zu tun und sich in einer direkten Form auszudrücken. Dies ist fast identisch in der Wirkung mit einer der modernsten psychotherapeutischen Methoden, den Wut- oder Angstschrei zur Überwindung der Angst oder Wut auszustoßen.

Manager haben einen eigenen Lebensstil, ebenso wie Angestellte. Es wäre eine gute Idee, herauszufinden, wie der Lebensstil der Angestellten aussieht und dann zu versuchen, ihn mit dem eigenen zu kombinieren oder besser in Einklang zu bringen. Moderne Bürogebäude sollten eine Art Hobbyraum oder zumindest einen Raum besitzen, wo sich Manager und Angestellte treffen können. Dies wäre einer Art emotioneller Turnhalle gleichzusetzen. Anstatt sich selbst zu zwingen, weiterzuarbeiten, wenn man bereits müde ist oder wenn die Aufgaben einen irgendwie überwältigen, sollte man sich in diesem emotionellen Stau gehenlassen dürfen, zeitweilig aufgeben und vielleicht sogar sich mit Managern von verschiedenen anderen Firmen treffen. Sozusagen ein psychologisches Trimm-Dich. Die Manager könnten ruhig miteinander konkurrieren. Aber in diesen Zusammenkünften sollten sie die Möglichkeit haben, sich auszusprechen. Anstatt nur unter dem Diktat einer Stoppuhr zu stehen, wäre es gut, eine emotionelle Uhr zu installieren. Ihre Sekretärin weiß meistens, wann Sie beginnen, überempfindlich zu reagieren und reizbar zu werden. Sie könnte Ihnen, wie eine gute Krankenschwester, eine halbe Stunde Ruhe verschreiben, wenn es mit der Büroarbeit in Einklang gebracht werden kann.

Charaktereigenschaften stehen oft im Widerspruch miteinander. Wenn der Manager z. B. gewohnt ist, außerordentlich systematisch zu arbeiten, er aber in seiner Abteilung sehr viel mit kreativen Angestellten zu tun hat, kann es zu Fehlbeurteilungen kommen. Die Personen, die man oft als unkooperativ beschreiben würde, sind vielleicht gerade diejenigen, die in Wirklichkeit außerordentlich selbständig sind, Selbstvertrauen haben, vielleicht etwas impulsiv oder enthusiastisch, aber bereit sind, neue Ideen zu akzeptieren und auszuprobieren. Daher sollten schöpferische und kreative Menschen nicht von unkreativen Managern überwacht werden.

Die Verwendung von Video-Aufnahmegeräten kann sehr nützlich sein. Auf der Aufzeichnung können sich Manager und Angestellte selbst von einer psychologischen Distanz aus sehen. Eine solche Video-Aufnahme kann als eine Art psychologischer Spiegel funktionieren. Derselbe Film, der von einer bestimmten Person gemacht wurde, könnte auch von Mitarbeitern analysiert und diese Bewertung dann der gefilmten Person anonym überreicht werden. Moderne Psychotherapeuten verwenden diese Methode sehr oft. Sie nehmen den Patienten während der Diskussion auf, gehen dann aus dem Raum und lassen dann den Patienten sich selbst beobachten, indem sie einfach das Band nochmals abspielen. Er kann auf die Dinge reagieren, die er selbst gesagt hat, und dann vielleicht einige allgemeine Tendenzen in seiner Haltung entdecken. Der Psychotherapeut kommt nachher in das Zimmer zurück und diskutiert mit dem Patienten, was er beobachtet hat, inwieweit seine eigene Analyse mit der des Patienten übereinstimmt, und dann versucht er, den Effekt dieser Selbstkonfrontation zu analysieren.

Management hat natürlich auch sehr viel mit dem Ich, dem Ego, zu tun. Das Ich des Managers, ob er nun der Generaldirektor oder der Abteilungsleiter der Firma ist, ist meistens außerordentlich sensibel, ganz besonders dann, wenn er das Gefühl hat, daß er kritisiert wird. Beobachtungen von Mitarbeitern werden zunächst einmal abgelehnt und als unangenehm empfunden, haben aber meistens einen sehr heilsamen Effekt. Diese Egoprobleme spielen in unserer industriellen Gesellschaft und in den Problemen der Manager sehr oft eine viel wichtigere Rolle als die Produktionsprobleme, mit denen eine Firma sich beschäftigt.

Eltern haben im Spielen ihrer Rolle meistens eine außerordentlich unsystematische Ausbildung. Wenn sie und ihre Kinder Glück haben, dann wachsen sie in ihre Rolle hinein. Aber sehr oft geschieht dies nicht. Mit Managern steht es ähnlich. Wie werden sie wirklich ausgewählt? Oft ist es so, daß ein Assistent, der viele Jahre mit seinem Vorgesetzten gearbeitet hat, nach dessen Ausscheiden den Posten übernimmt. Das findet man besonders häufig in Regierungsstellen und in großen bürokratischen Privatfirmen. Der nächste, der drankommt, ist eben der, der die Schule des Vorgesetzten durchläuft und seine Rolle übernimmt. Es kann sein, daß er eine bessere Arbeit leistet als sein Vorgänger, aber leider ist dies meistens nicht der Fall. Hier findet dann wiederum das Peter-Prinzip Anwendung.

Modernes Management sollte denjenigen, der in der Rangfolge der nächste ist, die Rolle des Leiters einer Abteilung oder einer Firma für eine gewisse Zeit spielen lassen. Das ist eine sehr gesunde Erfahrung für beide Teile.

Eine versuchsweise Beförderung könnte dem erfolgreichen Angestellten erlauben, ohne irgendwelchen Schaden sich auf seine frühere Position zurückzuziehen, anders als wenn man ihn definitiv befördert und er Schiffbruch erleidet. Dieses Erlebnis würde ihn in einer sehr negativen Weise beeinflussen.

Sehr oft ist das Resultat der Verlust eines verhältnismäßig guten Angestellten, weil er nur dadurch sein Selbstbewußtsein retten kann, daß er die Stelle seiner Niederlage verläßt.

Gute Psychotherapie besteht darin, daß man das Licht in einem dunklen mit Möbelstücken und Leuten vollgestopften Raum – sprich Neurosen – andreht und dem Patienten ermöglicht, selbst den Ausgang zu finden. Hilfe für einen neuen Managertypus sollte in ähnlicher Form gegeben werden. Man sollte ihm die Möglichkeit einräumen, demokratisch sein Problem mit seinen Mitarbeitern zu besprechen, und ihn nicht zwingen, die Fassade eines Übermenschen zu präsentieren. Das offene Schulsystem, von dem wir auch schon gesprochen haben, erlaubt den Kindern, die Autorität des Lehrers in Frage zu stellen.

Er muß dadurch lernen, Kritik zu akzeptieren und seine Ungeduld zu kontrollieren. Es ist leicht für den modernen Lehrer, wie sich gezeigt hat, theoretisch das neue System zu akzeptieren. Aber es ist sehr viel schwieriger, das System ganz konsequent durchzuhalten und sich innerlich ohne Vorbehalte darauf einzustellen. Man unterliegt immer wieder der Versuchung, auf den bequemeren, alten Weg zurückzukehren, auf das Pult zu hauen und zu verlangen, daß seine Anordnungen und Wünsche aufgrund seiner besseren Kenntnisse gehorsamst akzeptiert werden.

Der moderne Arzt hat ähnliche Probleme mit seinen heute allgemein viel besser orientierten Patienten. Wenn Sie z. B. seine Rezepte in Frage stellen, oder wenn Sie wissen wollen, warum er gerade dieses oder jenes Medikament verschrieben hat.

Sowohl in der Fabrik als auch im sonstigen Geschäftsleben herrscht heute im allgemeinen starker Streß. Wir haben empfohlen, daß z. B., wenn man sich um einen Führerschein bemüht und eine Prüfung ablegt, nicht nur die technischen und manuellen Fähigkeiten des künftigen Autofahrers kontrolliert werden, sondern auch seine Selbstbeherrschung und seine Streßbelastbarkeit. Allzuoft liegen hier die Gründe für ein gefährliches Fahrverhalten.

Der Manager der Zukunft sollte eigentlich ähnlichen Belastbarkeitsprüfungen unterworfen werden. Dies könnte in Tests oder, noch besser, während seiner täglichen Arbeit geschehen. Man müßte ihn entsprechend beobachten und sein Verhalten benoten. Einige dieser Methoden würden Führungskursen oder Lehrgängen ähneln, denen sich die Astronauten unterziehen müssen.

Der Präsident oder der Bundeskanzler eines Landes ist in Wirklichkeit ein Topmanager. Wie unvorsichtig sind wir eigentlich, daß wir unser Wohl und Wehe und das unserer Angehörigen Menschen anvertrauen, die nicht auf ihre Eignung hin getestet worden sind? Wir entscheiden uns meist für den, der besser sprechen kann oder eine bessere Wahlschlacht führt, und nicht für denjenigen, der unter Beweis gestellt hat, daß er wirklich die nötigen Qualitäten mitbringt.

In der Welt der Zukunft, die vielleicht viel besser organisiert sein wird, gibt es dann wohl auch eine Eignungsprüfung für Manager aus der Industrie, aber auch für andere Bereiche des öffentlichen Lebens.

Um dies jedoch möglich zu machen, müssen wir uns erst darüber klar werden, was denn eigentlich die psychologischen Faktoren sind, die hierbei eine entscheidende Rolle spielen. Das hat sicher nichts oder nicht viel damit zu tun, was der durchschnittliche Bürger und Wähler als Führungsqualität ansieht. In vielen Wahlen hat sich bereits gezeigt, daß der Mann, der öffentlich, z. B. im Fernsehen, Tränen vergossen hat, verliert, weil sein Image nicht zusammenpaßt mit dem männlichen Image eines Führers, der mit hartem Kinn und energischer Miene dem Publikum offeriert wird, aber oft nur die falschen Symbole von Kraft repräsentiert. Es wäre gut und wichtig, den Manager dazu zu bringen, sich mit dem ganzen Komplex der psycho-

*„Ich wollte die Abteilung ja schon immer in gute Hände geben . . .“*

logischen Mechanismen, der Überkompensation, der falschen Fronten und vielen anderen Aspekten der Tiefenpsychologie vertraut zu machen. Er würde bald lernen, daß viele Dinge ganz anders sind, als sie nach außen hin aussehen. Eine sehr starke und ausgeprägte Fassade kann oft ein sehr weiches und schwaches Innenleben verdecken.

„Er schüttelt einem kräftig die Hand!“ Wie oft haben wir selbst eine solche Platitüde verwendet, um einen Mann zu beurteilen. „Er sieht einem nicht in die Augen, deshalb ist er nicht vertrauenswürdig.“ Woher kommt eigentlich ein solcher amateurpsychologischer Unsinn?

Hartnäckigkeit beruht oft nur auf der Furcht, einen Panzer aufzugeben, den man sich angelegt hat, um mit dem Leben fertigzuwerden. Vorurteil hat eine ähnliche Ursache.

Fast allen von uns sind Vorurteile anerzogen worden. Auf dem Weg ins Management läßt man nicht automatisch diese Verteidigungsmechanismen fallen, denn man glaubt, sie zu brauchen. Deshalb nennt man sie ja auch Verteidigungsmechanismen.

Wir müssen langsam darauf geschult werden, Schritt für Schritt zu lernen, diese Abwehrmaßnahmen aufzugeben. Sie spielen eine Rolle, wenn z. B. der Manager die Aufgabe hat, Körperbehinderte, bestimmte ethische Gruppen oder bestimmte Altersgruppen zu engagieren. Es kostet ihn Überwindung, speziell die Gruppen, die er als abweichend von den normalen, gut an das heutige Leben angepaßten Individuen ansieht, zu akzeptieren.

Man kann auch über den Zusammenhang zwischen Management und Angestellte als eine Art von Dreieck nachdenken und es so darstellen. Management stellt sich zu oft an die Seite der Außenwelt, z. B. des Kunden, des Aktionärs und des Aufsichtsrats, weniger auf die Seite des Angestellten. Mit anderen Worten: Dialoge, Diskussionen und Hausmitteilungen sollten häufiger so abgefaßt sein, daß die sehr oft egoistischen und verständlichen Motivationen der Angestellten einbezogen sind. Der Angestellte will glücklicher sein in seinem Beruf. Aber er will auch etwas leisten. Er hat viele Interessen. Er möchte möglicherweise mit seinem Chef Dinge besprechen, die außerhalb der unmittelbaren Geschäftssphäre liegen.

Um bessere Angestellte zu gewinnen, muß man heute aus ihnen bessere und vor allem glücklichere Menschen machen. Viele unserer Studien haben gezeigt, daß Verkaufstrainingskurse und ähnliche Wege Mißerfolge sind, weil der Angestellte, der trainiert werden soll, grundsätzlich Verdacht schöpft. Er ist davon überzeugt, daß der Manager in Wirklichkeit darauf bedacht ist, ihn dazu zu bringen, noch mehr zu arbeiten. Oft entdecken wir auch, daß Mitarbeiter nicht richtig motiviert sind, weil sie das Gefühl haben, auf dem falschen Platz zu sitzen und dadurch nicht richtig eingeschätzt zu werden. Man findet diese Erscheinungen heutzutage sowohl in der Fabrik als auch bei Bankangestellten, Versicherungsmitarbeitern und sogar bei Polizisten. Es wird nicht genügend aus dem Blickwinkel der Angestellten gesehen. Dies geschieht oft nur auf sekundäre Weise durch äußere Faktoren, durch die er dann doch wenigstens das Gefühl bekommt, daß er etwas Relevantes tut. Menschliche Diskussionen, sei es persönlich oder in Hausorganen, sollten sehr wenig mit der Firma, ihren Produkten oder ihren Dienstleistungen zu tun haben.

Sie sollten sich vielmehr darauf konzentrieren, dabei zu helfen, mit den Problemen, die von außen her in das Familienleben des Angestellten eindringen, leichter fertig zu werden.

Man muß versuchen, auch wenn jemand am Fließband arbeitet, ihm klarzumachen, daß seine Arbeit außerordentlich wichtig ist, und sich darum bemühen, seine Tätigkeit interessanter und abwechslungsreicher zu machen und sie mehr mit dem Endresultat, dem fertigen Produkt, in Verbindung zu bringen.*) Man kann z. B. Arbeitergruppen bilden – wie das die Automobilfirma Volvo in letzter Zeit praktiziert hat –, die

---

*) *Robert Jungk* beschreibt in seinem jedem Manager empfohlenen Report aus den Werkstätten des neuen Menschen mit dem Titel „Der Jahrtausendmensch" (Gütersloh, Bertelsmann 1973) das erfolgreiche Experiment in einer Schweizer Eisschrankfabrik.
Schon bei der Errichtung der Firmengebäude wurde darauf geachtet, daß jeder Arbeiter von seinem Platz aus, wenn er wollte, sehen konnte, wie Materialien angeliefert, aber auch wie die fertigen Erzeugnisse das Werk verlassen.
So konnten sie sich einen konkreteren Begriff von ihrer Leistung machen.
Außerdem bekommt jeder Arbeiter, ob Fach- oder Hilfsarbeiter den Lohn, der 10% über den üblichen Spitzengehältern für Facharbeiter lag. Der Arbeitsplatz wurde ständig gewechselt, Hilfsarbeiter wurden in Spezialaufgaben eingewiesen, Fachkräfte erledigten Hilfsarbeiten.
Finanziert wurde dies alles durch eine nicht vorrangig auf Gewinn gerichtete Kalkulation, durch Einsparungen in der Buchhaltung und durch die ganz geringe Fluktuation.

gemeinsam an der Herstellung eines Produktes arbeiten. Dies ist möglicherweise vom wirtschaftlichen Standpunkt uneffektiver, aber für den einzelnen würde dadurch ein abwechslungsreicherer Produktionsablauf anstelle der eintönigen Fließbandarbeit erreicht.

Der Arzt muß heute oft den Ratschlag geben, daß man abnehmen oder daß man Ärger und nervöse Spannungen vermeiden soll, um als Manager oder Direktor mehr zu leisten. Unglücklicherweise hat er selbst oft aber nicht genügend Zeit, um zu erörtern, wie man im Einzelfall am besten an dieses Problem herangehen sollte. Genauso unwirksam sind Ermahnungen, wie: „Lassen Sie sich doch nicht von diesen Dingen bedrücken. Nehmen Sie das alles nicht so schwer. Erinnern Sie sich daran, daß viele Menschen sich Sorgen machen, die sich später als vollkommen unnötig erweisen."

Hier sind eine Reihe von Ideen, die ich als Psychologe für mich und für andere entwickelt habe, um über eine emotionelle Krise hinwegzukommen.

Sie können sie selbst verwenden und im Vergleich zu Ihrem Arzt ein besserer Psychotherapeut werden, wenn Sie als moderner Manager mit Ihren Mitarbeitern gemeinsam die Probleme zu lösen versuchen.

*1. Versuchen Sie, ein unangenehmes Ereignis als eine Art Test und Herausforderung anzusehen.*

Wenn man z. B. zu dick ist, sollte man dies nicht wie eine Last, Beschwerde oder gar Krankheit ansehen, gegen die man hilflos ist, sondern als ein Übel, das man bekämpfen kann. Wenn man diese Haltung einnimmt, hat man das Problem bereits halb gelöst. Wenn man sich in ähnlicher Weise auf jede Anwandlung von schlechter Laune oder ein unangenehmes Erlebnis, das man im Leben immer wieder durchmachen muß, fast wie auf eine sportliche Herausforderung einstellt, kann man erreichen, negative Aspekte in positive umzukehren. Man könnte sogar so weit gehen, seine Erfolge genau aufzuzeichnen, wie es ein Sportler bei Wettkämpfen und Olympiaden auch tut.

## 2. Legen Sie sich eine Sorgenliste an.

Schreiben Sie Ihren Kummer und Ärger auf ein Blatt, und daneben notieren Sie, was Sie alles tun können, um die Probleme zu lösen oder loszuwerden. In weiteren Kolumnen ließen sich Daten festlegen, wann Sie jede der Situationen am besten angreifen und erledigen können. Sie werden feststellen, daß von 10 Sorgen 7 oder 8 so beschaffen sind, daß Sie diese eigentlich nicht kontrollieren können. Die Antwort, wie man solche Probleme bewältigt, wäre möglicherweise eine Art von Fatalismus. Man muß einfach die Dinge ihren Lauf nehmen lassen. Da, wo Sie aber etwas tun können, wird sich dies in vollkommener Klarheit herauskristallisieren. Es liegt dann an Ihnen, wie weit Sie die Abhilfeideen in mögliche Maßnahmen und spezifische Schritte umsetzen.

## 3. Machen Sie eine emotionelle Abhärtungskur durch.

Wir sprechen oft von zerschlissenen Nerven. Das ist natürlich ein falsches anatomisches Bild. Das Nervensystem kann wohl überladen werden oder zusammenbrechen, aber dies tritt oft dann ein, wenn wir überhaupt nichts tun, um das Nervensystem zu trainieren. Wir schlagen daher vor, Emotionen durch Training in den Griff zu bekommen. Vielleicht dadurch, daß Sie sich jeden Tag eine halbe Stunde aufregen, sowohl in positiver wie auch in negativer Weise. Wenn Sie diese Zeit dann allmählich etwas verlängern, werden Sie merken, daß viele Dinge, die Sie vorher sehr geärgert haben, jetzt viel leichter von Ihnen verdaut werden.

## 4. Die emotionelle Entladung.

Eine emotionelle „Fastnachtsfeier" hie und da wird Ihnen wahrscheinlich guttun. So, wie fortschrittliche Ärzte dem Patienten, der abnehmen soll, raten, gelegentlich seine eingeschränkte Nahrungseinnahme durch eine wirklich üppige und phantastische Mahlzeit zu unterbrechen. Viele Religionen tun nichts anderes, wenn sie zwischen Fasten und Karneval alternieren. Können Sie etwas Ähnliches tun? Anstatt Ihren Ärger und Ihre Aufregung hinunterzuschlucken, können Sie diese wieder loswerden. In der Gruppentherapie, bei den sogenannten „Ecounter-Gruppen", spricht man von dem primitiven „Urschrei", der die Konflikte lösen helfen soll. Eine ähnliche Idee wäre die, für sich eine Art von Punchingball aufzustellen, wie ihn Boxer zum Training benutzen. Man könnte sogar die Gesichter von Menschen und Dingen, die man haßt, darauf malen. Es würde wahrscheinlich auch genügen, sich durch schwere körperliche Arbeit von seinen Frustrationen zu befreien.

## 5. Legen Sie Ihre Emotionen auf die Waage.

Eine andere nützliche Hilfe ist, ein kleines, dreieckiges Lineal zu entwickeln, etwa wie die Verpackung der Toblerone-Schokolade. Die einzelnen Flächen werden dann beschriftet mit: „Ich habe heute gute Laune", „Ich habe heute schlechte Laune", „Ich bin indifferent" oder „Ich bin heute wütend".

Stellen Sie dieses Schild auf Ihren Schreibtisch. Zunächst kann es als ein Warnsignal für Ihre Mitarbeiter dienen. Gleichzeitig hat es auch einen therapeutischen Effekt, weil es wie ein psychologischer Spiegel wirkt. Es ist ähnlich, als wenn Sie sich des öfteren im Spiegel kritisch ansehen und davor zurückschrecken, daß Sie bereits einen Bauch entwickeln, oder entdecken, daß Ihnen Ihr Kleid oder Ihr Anzug nicht mehr richtig paßt.

„Von sämtlichen Frustrationen befreit . . .“

Diese Art von Selbstbeurteilung hat oft einen sehr großen therapeutischen Wert, weil Sie dadurch Ihre Stimmung erst einmal festlegen. Wenn Sie Ihre Emotionen und Ihre Haltung publik machen, haben Sie diese bereits aus dem Bereich des Unbewußten herausgeholt, und Sie werden folglich darüber nachdenken, warum Sie eigentlich schlechter Laune sind und wie Sie damit fertigwerden können.

Cardiologen verwenden seit einiger Zeit einen Index, in dem sie Alter, Geschlecht, die Geschichte und den Verlauf der Krankheit und verschiedene andere Aspekte des Patienten registrieren, um dann daraus eine Diagnose formulieren zu können. Man kann auf ähnliche Weise ein emotionelles Tagebuch entwickeln, in dem man sich unterschiedlich aussehende Punkte für emotionelle Ausbrüche, Übertreibungen, die Anzahl der Depressionen etc. gibt und daneben hinschreibt, wie man sie abreagiert hat. Dieser Index kann natürlich in vielen Details entwickelt und zu einer Art von Miniaturquiz ausgebaut werden, mit dem der Grad der Emotionen, mit denen man zu tun hat, gemessen wird. Dadurch, daß man die Emotionen in dem Index festhält, erhält man eine klare Aussage darüber, wie reizbar man in Wirklichkeit ist, und wie häufig man emotionell reagiert. Besonders interessant werden diese Notizen, wenn man sie mit einem Tagebuch oder mit spezifischen Ereignissen verbinden kann. Der Index wird so zu einer Art Kalorienzähler, der Ihnen klarmacht, welche Situationen Sie in Zukunft vermeiden sollten.

Leser:
*Ich habe das Gefühl, daß man eigentlich Psychiatrie studieren müßte, um all das zu tun, was Sie vorschlagen?*

Autor:
*Nein, überhaupt nicht. Es genügt oft, wenn Sie eine Reihe von richtigen Fragen stellen, die Ihnen Aufschluß geben über Ihre eigenen und die Gefühle und emotionellen Haltungen Ihrer Mitarbeiter.*

*Nehmen Sie an, Sie sind nicht ganz sicher, ob Sie mit einem Mann oder einer Frau weiter arbeiten sollen oder nicht. Sie können sich dann den Montagmorgen vorstellen, wo diese Person einfach nicht mehr da ist und dann Ihre Gefühle analysieren. Würden Sie sich erleichtert fühlen, oder würde es Ihnen leid tun?*

Leser:
*Was für Fragen könnte man denn an jemanden stellen, um mehr über sein Wesen zu erfahren?*

Autor:
*Während einer Wahlkampagne habe ich folgende Fragen den Kandidaten vorlegen lassen, um sie besser beurteilen zu können:*

— *Was ist das Schlimmste, das Ihnen in Ihrem Leben passieren könnte?*
— *Was würde Sie im beruflichen und privaten Bereich besonders stolz machen?*
— *Was hätten Sie gerne auf Ihrem Grabstein stehen?*
— *Was für Träume haben Sie sehr oft?*
— *Können Sie sich an irgendwelche Alpträume erinnern?*
— *Was tun Sie, wenn etwas sehr Unangenehmes passiert?*
— *Bei wem holen Sie sich Trost, wenn Sie physisch und wenn Sie psychisch verletzt sind?*
— *Nehmen wir einmal an, jemand hat etwas sehr Schlechtes aus Ihrer Vergangenheit entdeckt. Wie würden Sie darauf reagieren?*

– *Was sind Ihre besten und Ihre schlechtesten Eigenschaften?*
– *Was sind Ihre am häufigsten auftauchenden Phantasie-*
  *vorstellungen?*
– *Beschreiben Sie einige Ihrer Feinde.*

Leser:
*Haben die Kandidaten das beantwortet?*

Autor:
*Ja, sogar sehr im Detail. Zum Beispiel hat ein Politiker sehr*
*ausführlich das Verhältnis zu seinem Vater beschrieben.*

*Er sagte: Ich habe meinen Vater sehr geliebt. Er war ein viel*
*besserer und größerer Mann, als ich es je sein werde. Er wurde*
*von allen geliebt. Er war ein einfacher und guter Mann. Wir*
*bräuchten seine Qualitäten heute. Er hat mich gelehrt, daß*
*Reichtum und Macht nichts bedeuten. Er war ein anständiger*
*und echter Mann.*

*Ein anderer Kandidat hatte fast alle Fragen in einer*
*schnippischen und aggressiven Weise beantwortet und durch*
*diese Haltung mehr über sich ausgesagt, als er glaubte. Er*
*wurde gefragt: Haben Sie je geträumt, jemand anderes zu sein?*
*Darauf antwortete er, daß jeder, der jemand anderes sein will,*
*krank ist. Ich bin mit mir selbst zufrieden. Er leugnete auch,*
*daß er irgendwelche schlechten Eigenschaften hätte.*

*Es war interessant, die Antworten zu analysieren, da ich die*
*Kandidaten überhaupt nicht kannte und auch nicht wußte,*
*außer den Chiffrenbezeichnungen A, B oder C, wer der*
*Antwortende eigentlich war. Trotzdem war es möglich, die*
*Persönlichkeiten der einzelnen Politiker richtig zu beschreiben.*
*Die Fragen wurden von insgesamt je drei Politikern in ver-*
*schiedenen Regionen beantwortet.*

*Sie können versuchen, diese oder entsprechende Varianten beim*
*Einstellen von Mitarbeitern oder beim Versuch, besseren*
*Kontakt herzustellen, zu verwenden.*

Leser:
*Man spricht sehr viel von Arbeitsbereicherungen im psycho-
logischen Sinn. Wie kann man das erreichen, ohne die Arbeitsleistung zu beeinträchtigen?*

Autor:
*Eben, indem man versucht herauszufinden, was den Arbeiter
oder Angestellten glücklich oder unglücklich macht. In den
meisten Fällen ist persönliches Interesse an der Arbeit eine der
Grundlagen. In vielen Betrieben gibt es jetzt auch das Problem,
wie man Menschen von einer anderen Kulturschicht richtig
motiviert. In den Vereinigten Staaten hat man es sehr oft mit
Minoritätsgruppen zu tun, wie den Schwarzen und Puerto-
rikanern, in Europa mit Griechen, Türken, Marokkanern,
Spaniern und Italienern.*

*Ein Fehler, den wir sehr oft machen, ist, daß wir nicht ge-
nügend von Anthropologie verstehen.*

Leser:
*Also noch eine Wissenschaft, mit der sich der Manager
beschäftigen müßte?*

Autor:
*Ja, aber so schlimm ist das gar nicht. Hauptsache ist, sich zu
überlegen, daß die sog. westliche und weiße Kultur und deren
Werte nicht unbedingt die der allgemeinen Menschheit sein
müssen.*

*Andere Kulturen haben oft eine ganz andere Zeitphilosophie
als wir und sind z. B. nicht so stark auf Ziele eingestellt. Im
gewissen Sinn ist dieses ganze Buch darauf ausgerichtet, uns
dazu zu bewegen, uns von diesen einseitigen Vorstellungen zu
lösen und uns auch auf andere Kulturwerte einzustellen.*

*Jeder Manager oder Vorgesetzte ist eine Art von Agent, der
im menschlichen Verhalten einen Wechsel herbeiführen soll. Die*

Frage ist, soll er von dem jetzigen System, das bei seinen Leuten funktioniert, ausgehen und deren gute Vorbedingungen dazu verwenden, sie zu seinen Zwecken umzustellen, oder soll er von seinen eigenen Vorstellungen und Überzeugungen ausgehen und sie den andern aufzwingen. Durch die Art der Darstellung habe ich schon angedeutet, wo die Antwort liegt: nämlich von den vorhandenen Vorstellungen ausgehen und sie langsam in andere Werte umzumünzen.

Es ist ein interessantes Abenteuer, sich als Anthropologe im Betrieb zu betätigen, um herauszufinden, wie die verschiedenen Faktoren, die bei der Arbeitsleistung eine Rolle spielen, bei anderen Gruppen von Menschen aussehen. Wir haben schon das „Zeiterlebnis" als einen bedeutenden Faktor besprochen. Genauigkeit, Pünktlichkeit, Ausdauer und Selbständigkeit sind Aspekte, die wir „Westlichen" als selbstverständlich annehmen. Ehrlichkeit gehört auch dazu.

# VI. Der Manager als der Gemanagte

Wenn immer ich jemanden für einen neuen Posten interviewe,
erzähle ich ihm zunächst einmal etwas über mich selbst.
Darüber, was für eine Person ich bin, wie die Firma aussieht,
die ich leite. Ich beobachte sehr sorgfältig, wie der Bewerber
auf diese Beschreibungen reagiert. Interessiert er sich wirklich,
entwickelt er Ideen, wird er emotionell beeinflußt,
oder spricht er nur über sich selbst und darüber, wieviel er
leisten kann.

Modernes Management ist viel mehr, als wir annehmen können,
abhängig davon, inwieweit sich der Gemanagte mit dem
Manager verständigen kann. In einem kürzlich erschienenen
Artikel der Zeitschrift „Psychology Today" von *Fred A. Fielder*
wurden eine Reihe von Studien und Experimenten zitiert, die
alle darauf hindeuten, daß die meisten Management-Trainings-
programme in Wirklichkeit nicht funktionieren. Der Autor
stellte fest: „Nach meiner Kenntnis versuchen alle üblichen
Trainingsprogramme, die Person zu ändern. Sie nehmen in einer
implizierten Weise an, daß es eine beste Art der Führung oder
einen geeigneten Typ des Führers, der Führerpersönlichkeit
gebe. Die meisten Programme versuchen, die Personen, mit
denen sie es zu tun haben, in diesem Sinne zu ändern. Wir
denken meistens an Organisation und an Leitung als fixierte
Funktionen und setzen voraus, daß das Individuum unbegrenzt
verändert werden kann."

Unsere eigene Erfahrung geht in die gleiche Richtung. Sie zeigt noch deutlicher, daß der Manager und die Gemanagten zusammenpassen müssen. Im Idealfall sollte ein Manager von den Mitarbeitern, denen er vorsteht, geschult werden. Wenn er nicht mit ihnen auskommen kann und er nicht von ihnen als Persönlichkeit akzeptiert wird, hilft kein Trainingsprogramm weiter. Es würde in einem solchen Fall viel billiger und wirkungsvoller sein, ihn mit einer anderen Gruppe von Mitarbeitern zusammenzubringen, mit denen er arbeiten kann.

Es wäre wahrscheinlich sehr wirkungsvoll, Kurse durchzuführen, an denen auch die Leute teilnehmen können, mit denen der Manager zusammenarbeiten muß, und dann mit diesen zu klären, wie sie gemanagt werden wollen, und wie man ihrer Meinung nach mehr aus ihnen hervorbringen kann. Der Manager ist möglicherweise oft aus Unsicherheit überkritisch und zu aggressiv. Er verlangt von sich selbst zuviel, ist ein Perfektionist und erwartet denselben Grad an Vollkommenheit bei der Durchführung der Arbeiten von Mitarbeitern, die überhaupt nicht dafür so qualifiziert sind. Die Aufgabe in diesem Fall wäre, den Manager dazu zu bringen, die Zügel etwas schießen zu lassen, sich viel weniger über den Mangel an Perfektion aufzuregen, und die Tatsache zu akzeptieren, daß er, wenn er seine Ansprüche herunterschraubt, seiner Arbeit mehr abgewinnt, sich weniger aufregt und im Endresultat besser arbeiten wird.

Ein Teil eines modernen Trainingsprogramms für einen Direktor, Abteilungsleiter oder Manager besteht darin, daß er zunächst einmal lernt, wie er sich als Mitglied eines von ihm gemanagten Teams benehmen soll. Er muß wissen, was andere dabei empfinden, wenn sie Befehle erhalten. Er würde dann entdecken, daß menschliche Beziehungen viel wesentlicher sind als Orientierungen an Aufgaben, um eine bestimmte Leistung zu erreichen.

Wir haben bereits erwähnt, daß wir viel Erfolg hatten mit einer Art psychologischem Spiegel, wo der Manager von seinen

Mitarbeitern beschrieben wurde und man ihm klargemacht hat, wie man ihn wirklich sieht, was man als seine guten Eigenschaften betrachtet, in welcher Beziehung er sich ändern könnte, was für gute und schlechte Gewohnheiten er betonen bzw. vermeiden sollte. Mit andern Worten, was wir vorschlagen im Zusammenhang mit unserem Konzept des „nackten Managers" ist, daß der Manager sich in diesem psychologischen Spiegel selbst sieht und sich seiner wirklichen Qualifikationen und psychologischen Geschicklichkeiten bewußt wird, ohne künstliche Verschönerung oder Titel. Wir fanden das wirksamer, als ihn in eine Schablone zu zwingen, die seiner eigentlichen Persönlichkeit nicht entspricht.

Moderne Schulen beginnen bereits damit, Kindern zu erlauben, in ihrem speziellen Stil zu schreiben und dabei Spontanität und Kreativität zu entwickeln, anstatt sie auf eine Schulbank zu zwingen, wo sie den Regeln der Schule, ohne aufzumucken, gehorchen müssen.

Dasselbe sollte auch beim Manager eingeführt werden. In einer Anzeige, die wir einmal entworfen hatten, um Techniker zu engagieren, speziell Techniker eines kreativen Typs, zeigten wir eine Person mit einem Bart, die auf dem Fußboden saß und mit Kugeln spielte. „Sie können bei uns alles tun, was Sie wollen, solange Sie Ideen produzieren . . ." lautete die dazugehörige Headline, die wir gewählt hatten. Was damit gesagt werden sollte, war, wir gestatten dem Bewerber, ein Individualist zu sein.

Routinisierung ist eines der schwierigsten Probleme bei Einstellungen. Um einen relativ langweiligen Job interessant zu machen, müssen wir sehr schnell lernen, ein Ritual zu entwickeln, ohne darüber nachzudenken, ob es wirklich notwendig ist.

Wir routinisieren z. B. unser Frühstück. Die meisten von uns essen jeden Morgen dasselbe. Einige Produkte werden ebenfalls in einer Pseudoform von Markenloyalität gekauft. Wenn wir uns einmal dazu entschlossen haben, zu glauben, daß eine bestimmte Marke uns zufriedenstellt, dann wollen wir bei solchen Produkten nicht wieder vor die Aufgabe gestellt werden, neu wählen zu müssen. Wir vermeiden dadurch, überhaupt über das Produkt oder das Problem neu nachzudenken.

Bürokratie, ganz besonders im Regierungs- und Verwaltungsapparat grassierend, hat denselben Ursprung. Im Grunde langweilige Arbeiten werden routinisiert.

Wir haben vor einiger Zeit die Aufgabe lösen müssen, wie man dieses schädliche Phänomen bekämpfen kann. Die interessanteste Entdeckung dabei war, daß die meisten der sogenannten Bürokraten sich gar nicht darüber im klaren waren, daß sie sich so benehmen, und als wir es ihnen klarmachten, waren sie nicht besonders glücklich darüber. Bürokraten wollen sich nicht bürokratisch benehmen. Die Lösung bestand darin, daß wir die Angestellten und die Opfer der Bürokratie gebeten haben, neue Ideen zu entwickeln und vorzuschlagen, was man bei langwierigen und mühseligen Prozeduren vereinfachen kann, und was sie selbst beitragen könnten, den Beruf interessanter zu gestalten.

In Rußland wurde ich einmal eingeladen, um die Übersetzung und Erledigung der Anfragen, die ausländische Touristen an Intourist gestellt hatten, zu besprechen. Ich habe versucht, dem Bürokraten, der dieses Büro leitete, klarzumachen, daß sein Job viel weniger langweilig wäre und der Tag viel rascher vergehen würde, wenn er selbst die Probleme besser verstände und sich mehr mit den Schwierigkeiten und Unsicherheiten der Touristen identifizieren könnte. Ich machte einfach eine Liste für ihn von den Fragen, die mehr oder weniger jeder Tourist dauernd stellt.

Ich überzeugte ihn davon, daß er eine allgemeine Fragen- und Antwortenkartei anlegen sollte, womit die sich dauernd wiederholenden Probleme automatisch beantwortet werden könnten.

Manager, Hoteldirektoren, Ärzte, ja fast jeder, der in einer leitenden Position ist und an den ständig die gleichen Fragen gerichtet werden, könnten sich durch ein ähnliches Vorgehen eine Menge Arbeit ersparen. Auf ähnliche Weise gehen große Betriebe vor, wenn sie einen Teil der Korrespondenz auf Schemabriefe umstellen. Dies Verfahren ist inzwischen so verfeinert worden, daß man auch Absätze aus den verschiedensten Briefen miteinander kombinieren und so eine große Bandbreite möglicher Antwortschreiben erhalten kann.

Es kann für den Manager z. B. nützlich sein, für seine Sekretärin eine Check-Liste aufzustellen, was er für seine einzelnen Reisen, Besprechungen etc. braucht, oder daß er festlegt, wie ein Bericht zu organisieren ist, oder wie sie Anrufe erledigen soll.

Sogar die Krankheit des falschen Ablegens, die in jedem Büro existiert und durch die viele Stunden vertan werden, um falsch abgelegte Vorgänge oder verlorene Unterlagen wiederzufinden, könnte rationalisiert und modernisiert werden, wenn der Chef selbst die Richtlinien aufstellen würde.

Die Arbeitseinheit ist ein weiteres neues und doch so altes Konzept. Es gehört auch zu unserem Kapitel, wie man den Manager managt. Anstatt einen Menschen an einen Job anzupassen, könnte man die Sache auch umkehren und die Aufgabe an die Person anpassen.

Wir gestehen alle den Schulkindern eine sehr begrenzte Konzentrationsfähigkeit zu. Bei den Arbeitern ist es ähnlich. Warum versucht man nicht, ihre Aktivität alle paar Stunden zu wechseln, nach ihrem eigenen Geschmack zu variieren? Natürlich immer im Einklang mit den Gegebenheiten und Notwendigkeiten des Arbeitsplatzes.

In einer Studie, die sich mit Schreibmaschinen befaßte, zeigte sich, daß die meisten Tastaturen seit weit über 40 Jahren nicht mehr neu entworfen worden waren. Sie laden die Schreibkräfte nicht zum Schreiben ein. Sie sollten mehr konkav sein, und es müßte in der Tastengröße mehrere Variationsmöglichkeiten, die auf die Größe und Breite der Finger abgestimmt sind, geben. Eine Firma hat auf unsere Empfehlung hin eine Schreibmaschine auf den Markt gebracht, die eine psychologisch geeignete Technik verwendet. Sie schenkt den psychologischen Bedürfnissen des Schreibers mehr Aufmerksamkeit, als üblich ist.

Manager sind sehr oft kreative Menschen. Andererseits sind sie aber ebenso Angestellte. Ein Fernstudienseminar hat vor kurzem eine Idee entwickelt, wie man solche Leute behandeln könnte. Man sollte nicht versuchen, sie in das Unternehmen oder die Organisation hineinzupressen, sondern sollte vielmehr ihre Flexibilität und ihre Bereitschaft, neue Ideen zu akzeptieren, auf richtige Weise einsetzen. Der potentielle, kreative Angestellte und der kreative Manager haben oft Angst vor Nonkonformismus.

Wichtig ist, daß man auch anscheinend nicht kreativen Menschen erlaubt, individuelle Beurteilungen durchzuführen. Er widersteht dem Gruppenzwang, ist aber sensitiv in bezug auf deren Suggestion. Manchmal ist es natürlich notwendig, daß der Manager mehr von Buchhaltung, Bilanzen und systematischen Arbeitsabfolgen versteht als von schöpferischer Tätigkeit. Trotzdem muß dieser Mann oder diese Frau dazu fähig sein, seine kreativen Fähigkeiten zu entdecken. Manager und Gemanagte sollten sich gegenseitig dazu ermutigen, auch andere Wege der Zusammenarbeit auszuprobieren.

Wir haben vor kurzem eine Filmserie entworfen, die Eltern helfen soll, ihre Kinder kreativer zu machen. Dabei haben sie selbst gelernt, neue Spielzeuge aus Konservendosen oder Pfeifenreinigern oder anderen sonst weggeworfenen Materialien zu bauen. Beide, die Babys und die Eltern, hatten Spaß und wurden kreativer. Eines unserer modernen Prinzipien ist wiederum, die modernen Schulungsideen umzukehren, sich die Arbeitsumgebung gut anzusehen, einen gründlichen Blick auf die Menschen zu werfen, mit denen der Manager zusammenarbeiten muß, und ihn zu trainieren, nicht in einer routinisierten Form ein guter Manager zu sein oder zu werden. Er muß dazu gebracht werden, sich teilweise von den Leuten, mit denen er zusammenarbeiten will, managen zu lassen. Was wir vorschlagen, ist die Anwendung und Berücksichtigung der Tatsache, daß z. B. ein viereckiger Stöpsel nicht in ein rundes Loch paßt. Der Stöpsel, der Manager, sollte sich, wenn er viereckig ist, ein viereckiges Loch suchen, in dem er sich wohlfühlen kann.

Vom Standpunkt der Gesamtorganisation könnte dies bedeuten, daß es eine Reihe von Sitzungen und Trainingsprogrammen gibt, wo mitarbeitende Persönlichkeiten, der eine vielleicht „leitend", der andere „geleitet", aufhören, in einer solchen Terminologie voneinander zu denken oder zu reden. Sie sollten vielmehr dort lernen, wie sie sich gegenseitig helfen können, ohne die eigene Individualität zu verlieren.

Das steht im engen Zusammenhang mit der modernen Konzeption der Gruppentherapie und Eheberatung, aber im Widerspruch zu den Managementsystemen und Schulungsprogrammen, die bisher verwendet wurden.

Viele Managementkurse geben ihren Schülern alle möglichen grafischen Hilfsmittel, wie Schaubilder, Memorando-Bücher und Diagramme der kompliziertesten Art. Der Manager hat viel zu wenig Aufmerksamkeit darauf gelegt, eine neue Geschicklichkeit zu erlernen, was besonders dann wichtig ist, wenn er seine Stellung wechselt. Wichtig ist vor allem, zu lernen, wie man lernt. Das ist ein ganz wesentlicher Aspekt des modernen Managements.

Gelegentlich liest man in der Zeitung von einer 69jährigen Großmutter, die beginnt, Klavierspielen zu lernen, oder von einem Vater, der in die Schule geht und sein Abitur im reifen

Alter macht, oder von einer 80jährigen, die den Führerschein machen möchte. Man kann also auch einem „alten Hund noch neue Tricks beibringen".

Die Notwendigkeit, dauernd zu lernen, ist für den modernen Manager einfach unumgänglich. Jeden Tag ist er gezwungen, etwas dazuzulernen, und wenn er weiß, wie man lernt, kann er sich das Leben entschieden erleichtern. Genauso, wie es unmöglich ist, alles zu wissen, ist es kaum denkbar, daß man in irgendeinem Punkt zuviel weiß. Wie oft haben wir alle uns schon den Wirtschaftsteil einer Zeitung angesehen und den Wunsch gehabt, zu wissen, was hinter all den Zahlen und Angaben nun wirklich steckt. Oder, man ist vielleicht durch einen wunderschönen Garten gegangen und hat sich gewundert, daß man die wenigsten Namen der Blumen kennt. Oder man hört ein fesselndes Musikstück, ohne daß man weiß, wer der Komponist ist. Vielleicht hat man auch im Fernsehen ein Reitturnier verfolgt, ohne zu wissen, wie man Pferde und ihre Leistungen richtig beurteilt. Die Gebiete, auf denen wir nur mangelhafte Kenntnisse haben, werden in dem Maße offenkundig, in dem sich unsere Tätigkeit ausweitet. Lernen ist nicht nur ein Schulproblem. Es gibt mehrere Kriterien des Lernens. Ganz andere als die des formellen Lernens, das man beim Lernen mit Büchern im Hochschulstudium anwendet. Lernen bezieht sich auch auf die Aneignung einer neuen Geschicklichkeit, einer neuen Erkenntnis oder einer neuen Technik, eine bestimmte Arbeit zu erledigen und dabei weniger Energie und Arbeitszeit zu benötigen. Hierzu gehört auch die Fähigkeit, eine Aufgabe in höchstmöglicher Harmonie und Leichtigkeit durchzuführen. Unnötige Bewegungen sollten vermieden werden. Das gleiche Arbeitsergebnis soll mit weniger Energie erreichbar sein. Die meisten von uns hören auf, zu lernen, wenn sie die Schule verlassen haben. Sehr oft ist dies nicht so, weil wir es so wollen, sondern weil wir nicht recht wissen, wie wir ohne die Anleitung eines „Lehrers" vorgehen sollen. Zunächst sieht dann alles zu schwierig und undurchführbar aus, weil wir nie gelernt haben, wie man lernt.

Es gibt einige kleine Tricks und Hilfen, das Lernen zu lernen. Die meisten von uns wenden viel mehr Energie auf als notwendig ist, oder sie haben nur Teilerfolge zu verbuchen. Der Unterschied zwischen einem geschulten Lerner und einem Amateur ist, daß der Experte sich bewußt ein hochgestecktes Ziel setzt, während der Amateur mehr herumexperimentiert auf unsystematische Weise. Hier sind einige Möglichkeiten, wie man das Lernen erleichtern kann.

Zunächst muß man das nötige Selbstvertrauen mitbringen. Man muß sich zutrauen, daß man in der Lage ist, etwas Neues zu lernen. Auch wenn man zu Anfang nicht sehr viel Geschicklichkeit zeigt, kann man ohne weiteres später befriedigende Erfolge erzielen. Jedes Opfer der Kinderlähmung, das wieder neu lernen muß, wie man geht, ist ein Beweis dafür, was man mit Ausdauer erreichen kann.

Ambition und Energie in der Arbeit sind natürlich Voraussetzungen. Man muß lernen wollen, man muß den festen Willen haben, eine einmal übernommene Aufgabe bis zum Ende durchzuführen, sonst bleibt man unweigerlich auf der Strecke und erreicht sein Ziel nicht.

*Sie haben genügend Zeit.* Das Argument: „Ich habe keine Zeit" ist keine Entschuldigung, wenn Sie nicht lernen. Man braucht keine Extrazeit dazu, um neue Fertigkeiten zu erlernen. Lernen ist eine Beschäftigung für 24 Stunden. Sie müssen ständig aufmerksam sein, Dinge beobachten, Einfälle notieren. Wenn ein Mechaniker Ihre Autoreifen wechselt, stellen Sie Fragen. Schauen Sie ihm über die Schulter, so daß Sie das nächste Mal selbst in der Lage wären, diese Arbeit zu erledigen oder einen anderen anzuleiten, dies zu tun.

Besuchen Sie die verschiedenen Abteilungen in Ihrer Firma. Wenn Sie in einem Restaurant essen, interessieren Sie sich für die Nahrungsmittel, die Ihnen nicht bekannt sind, und informieren Sie sich darüber. Bestellen und probieren Sie diese

*„Ich weiß nicht, was mein Fahrlehrer hat.
Ich mach's doch genauso wie die . . .“*

Gerichte. Wenn Sie in dem Foyer eines Hotels warten müssen,
sehen Sie sich die Dekoration der Räume an. So läßt sich das
den ganzen Tag lang weiterführen. Überall gibt es Gelegenheiten
zu lernen, wenn man die innere Bereitschaft dazu entwickelt.

Wenn Sie so die psychologischen Vorbedingungen geschaffen
haben, können Sie folgendermaßen weitermachen: Die genaue
Beobachtung der Geschicklichkeit oder der Information, die
man lernen möchte, ist wichtig. Viele Personen sehen sich ein
Modell oder Vorbild nur sehr oberflächlich an und versuchen
es dann nachzuahmen. Dabei kommt es dann zu vielen Fehlern
und Irrtümern. Auch hiervon lernt man natürlich, aber man
muß wieder umlernen und verschwendet dadurch eine Menge
Energie. Es lohnt sich daher, ein bißchen mehr Zeit für die
anfängliche Beobachtung zu verwenden, Instruktionen genau
durchzulesen, um das zu meistern, was man lernen möchte.

Zerlegen Sie das Lernmaterial in Einheiten und Lernstufen, die für Sie von Bedeutung sind. Wenn Sie z. B. die Hauptprodukte aus dem Angebot Ihrer Firma behalten wollen, ist es nicht notwendig, daß Sie in alphabetischer Reihenfolge vorgehen, nur weil sie so im Katalog aufgeführt sind. Sie brauchen sich auch nicht auf die technologische Organisation einzustellen, in der normalerweise Produkte Ihres Unternehmens zusammengefaßt sind.

Selbst die Aufgabe, den Stoff, den Sie erlernen wollen, umzuorganisieren, verschafft Ihnen bereits Vorteile. Sie sehen ihn dadurch mit anderen Augen an. Bei der Umorganisation von Lernstoffen kann man oft irrelevante Teile eliminieren und die Teile, die eigentlich unwichtig sind, auslassen und sich auf die wichtigen Dinge, die gelernt werden sollen, konzentrieren.

Unterbrechen Sie das Lernen. Damit meinen wir, daß man häufiger und dafür in kleineren Lektionen lernen soll. Ganz allgemein hat sich herausgestellt, daß dies viel nützlicher ist, als zu lange bei einer einzigen Aufgabe zu verharren. Wenn Sie versuchen, eine lange Lektion zu beherrschen, dann werden Sie sehr oft feststellen, daß Ihre Konzentration nachläßt und Sie ermüden, während kleine Lernschritte immer einen neuen Anfang darstellen. Jede neue Lektion gibt Ihnen die Chance, zu testen, was Sie gelernt haben.

Sofort ausnutzen und anzuwenden, was Sie gelernt haben, ist auch äußerst wichtig. Auch wenn Sie etwas erst halb gelernt haben, sollten Sie es schon anzuwenden versuchen. Die Wiederholung des Partes oder der Geschicklichkeit, die Sie gelernt haben, fixiert Sie irgendwie geistig auf das Lernen. Gleichzeitig können Sie so herausfinden, wo es noch Schwächen bei Ihnen gibt, oder was Sie noch nicht richtig begriffen haben. Am besten, Sie notieren, wo Ihnen Irrtümer unterlaufen sind, und wo Sie sich schon sicher fühlen. Wenn Sie das Gefühl haben, daß Sie bereits einen Teil des Stoffes erlernt haben, bekommen Sie das Gefühl, daß eine Arbeit gut von Ihnen bewältigt wurde. Das bedeutet für Sie eine zusätzliche Aufmunterung.

Es ist immer gut und nützlich, seinen Fortschritt irgendwie zu registrieren. Wie lange haben Sie dazu gebraucht, wieviel haben Sie täglich gelernt, welche Irrtümer sind Ihnen unterlaufen? Alles dies kann dazu beitragen, aus dem Lernen ein Spiel zu machen. Sie machen sich selbst Konkurrenz. Jeden Tag versuchen Sie, Ihren Lernrekord des vorhergehenden Tages zu verbessern.

Im Geschäftsleben ist, wie im Spiel, das Wetteifern ein sehr wichtiger Faktor, der uns ständig zu optimalen Leistungen anspornt. Zusätzlich ermöglicht ein solches Vorgehen das Registrieren von Änderungen des Lernstoffes, das zum Erlernen nützlich ist und darüber hinaus zu neuen individuellen Lernmethoden führt.

Sie können also herausfinden, welche Methode für Sie am geeignetsten ist. Ob Sie besser in kürzeren oder längeren Lektionen lernen, ob Sie am Vormittag oder am Nachmittag mehr aufnehmen können oder nicht.

Dadurch, daß der größte Lernerfolg beim Beginn des Lernens erreicht wird, ist es ganz normal, wenn man entdeckt, daß sich das Tempo mit der Zeit verlangsamt. Es ist ganz natürlich, daß Sie beim Erlernen einer neuen Konzeption mit dem wachenden Schwierigkeitsgrad immer langsamer vorankommen. Je mehr Sie sich der Perfektion nähern, desto schwieriger ist es, sich noch zu verbessern. Es sollte Sie also nicht entmutigen, wenn Sie dieses Phänomen in Ihrer Lernkurve feststellen.

Sie sollten auch die Schwankungen in der Leichtigkeit, mit der Sie lernen, täglich beobachten. Sehr oft sind solche Schwankungen mit der Stimmung, in der man sich befindet, verbunden. Wenn Sie sich an eine neue Aufgabe machen, dauert es einige Minuten, bis Sie wieder in die Sache richtig hereingekommen sind. Dabei sollten Sie das Herangehen an irgendein Ziel immer wie einen Zwischenstart betrachten. Ein junger Soldat, der aus Vietnam zurückkam, erzählte, daß er zunächst immer ein bis zwei Stunden gebraucht habe, bis er sich an seine Arbeit gewöhnt hatte. Er ließ sich durch Radio, Fernsehen oder Bücher von seiner Arbeit ablenken. Jetzt, wo er sich wieder an sein Studium gewöhnt hat, kann er sich innerhalb von fünf Minuten auf seine Aufgaben konzentrieren.

Schnelligkeit oder Genauigkeit? Das ist die Frage, die immer im Zusammenhang mit dem Lernen gestellt wird. Tests haben gezeigt, daß man bei einer Kombination von Geschwindigkeit und Genauigkeit am leichtesten lernt.

Wenn man es mit einfachen Aufgaben zu tun hat, trifft dies ganz besonders zu. Wenn man aber komplexere Dinge erlernen will, dann ist Genauigkeit wichtiger als Geschwindigkeit. Es ist natürlich in jedem Falle individuell zu entscheiden, was Ihre Zielvorstellung ist: Geschwindigkeit oder Genauigkeit oder beides. Man muß sich dann konsequent auf die eine oder andere Methode einstellen, um ein korrektes Lernmuster zu bekommen.

Um eine Geschicklichkeit zu erwerben oder eine neue Information zu verarbeiten, die man für einen gewissen Zeitraum behält, ist es besser, mehr zu lernen als weniger zu lernen. Daß Sie das Material sofort nach der ersten Übung behalten haben, ist kein Kriterium für das Lernen. Wiederholungen und das Verbinden mit anderen Dingen und alle die anderen Methoden der Gedächtnisschulung sind unbedingt nötig, um das Gelernte dauerhaft zu fixieren. Je mehr Energie man auf das ursprüngliche Lernen verwendet, um so weniger wird es nötig sein, eine Aufgabe erneut zu lernen.

Die beste Methode, etwas zu behalten, ist, durch lautes Aufsagen das Gelernte Revue passieren zu lassen. Diese Revue soll später nach den ersten Lernschritten angewendet werden, etwa einen Tag später. Dann nach etwa einer Woche sollte dies mit Schwerpunkt auf die schwachen Stellen wiederholt werden und nach einem Monat noch einmal. Als Manager haben Sie sehr oft die Aufgabe, Ihren Mitarbeitern eine neue Konstruktion zu erklären. Viele dieser Regeln brauchen Sie auch, um die Funktion als Lehrer und Erklärer des Betriebsgeschehens richtig auszufüllen.

Sie sind nie zu alt, um zu lernen. Diese Feststellung läßt sich sogar wissenschaftlich begründen. Die Vorstellung, daß man nur während der Schulzeit richtig lernen kann, ist vollkommen falsch. Ihre Lernfähigkeit steigert sich bis zum 20. Lebensjahr, dann bleibt sie ziemlich konstant bis zum Alter von 35 oder 40 Jahren, und erst zwischen 55 und 60 tritt eine allmähliche Verschlechterung, d. h. eine Verlangsamung des Lerntempos ein.

Es ist wahr, daß es einige Dinge speziell aus dem technischen Bereich gibt, die für die Älteren schwer erlernbar sind, wenn sie mit diesen Dingen vorher nie zu tun gehabt haben. Die einzige andere Grenze des Lernens liegt in der physischen Geschicklichkeit. Während die geistige Agilität nicht so rasch absackt, ist es bei der physischen Beweglichkeit doch der Fall. Es wäre sehr ungeschickt, wenn sich ein 60jähriger das Ziel setzt, ein Tennisstar zu werden, oder ein Taucher, oder im rasanten Tempo ständig von einer Niederlassung zur anderen zu fahren. Aber er kann sehr gut schwimmen, Auto fahren oder sogar fliegen lernen. Heute ist man allgemein der Ansicht, daß es sehr wenige Grenzen gibt, auch in bezug auf das physische Lernen. Reife Personen haben den jüngeren gegenüber gewisse Vorteile. In den meisten Fällen, wenn sie etwas erlernen, haben sie dabei ein klar umrissenes Ziel, und sie sind auch widerstandsfähiger. Weiterhin haben sie praktische Erfahrung auf anderen Gebieten, die sie auch auf das neue Lerngebiet anwenden können. Hinzu kommt das im allgemeinen ausgewogenere Urteil. Obwohl es wünschenswert und richtig ist, sich Ziele zu setzen, sollte man sich doch auch daran erinnern, daß man nicht alles lernen kann. Man muß hier konsequent zwischen wichtig und unwichtig unterscheiden. Andernfalls wird sich herausstellen, daß man mit zu viel kleinen Details belastet ist. Als Manager sollten Sie lernen, Ihre Interessen und Ihre Zeit auf wichtige Dinge zu konzentrieren.

In bezug auf die Psychologie des Lernens und des Lehrens ist es viel wichtiger, die Denk- und Geschicklichkeitstechniken zu beherrschen als irgendwelche konkreten Daten.

Allgemeine Prinzipien lassen sich auf sehr vielen Gebieten anwenden. Man kann, wie schon gesagt, nie alles lernen, was sich zu lernen lohnt. Aber, wenn man als Manager bei sich selbst herausgefunden hat, wie man am besten lernt, kann man immer eine richtige Entscheidung in einer neuen Situation durch die Anwendung dieser Technik mit treffen. So wird man viel weniger in die unangenehme Lage kommen, nicht zu wissen, wie es in einer bestimmten Situation weitergehen soll.

Sie sollten also kein Quizmaster werden, sondern durch die gezielte Anwendung von Lerntechniken Ihre Schwierigkeiten zu meistern versuchen. Dies wäre wieder eine Abkehr von den bisher gepredigten Verhaltensschemata in irgendeinem System.

*Der weibliche Manager*

In dem Maß, in dem die Frauenemanzipation sich verwirklicht, muß der Manager auf der einen Seite lernen, mit dem weiblichen Mitarbeiter auszukommen und richtig zusammenzuarbeiten, auf der anderen Seite muß er sich aber auch mit dem weiblichen Manager beschäftigen. Wie wirken die Umwelteinflüsse auf den Manager, für die die Frauenemanzipation nur ein Beispiel ist? Wie sind die Probleme, der Beruf und die Umwelt des 20. Jahrhunderts? Wie sieht die Frau des 20. Jahrhunderts aus?

*Wie sieht der weibliche Manager das Leben?*

Sehen wir uns den durchschnittlichen Mann an, z. B. wie er sich anzieht: einfach, nett, praktisch. Genauso ist er in vielen Fällen in bezug auf seinen Beruf und das Leben eingestellt. Das Leben soll verhältnismäßig einfach sein und nicht von tausend

Alternativen beeinflußt werden. Im Vergleich dazu ist die Kleidung der Frau ganz anders, wenn man auch hier den Symbolcharakter akzeptiert.

Leben soll praktisch sein. Man soll Dinge mit dem geringsten Aufwand von Ärger und Zeitverschwendung erledigen. Der männliche Manager hat sehr oft das Gefühl, daß die Frau in einer ähnlichen Stellung zu sehr von ihren weiblichen Privilegien Gebrauch macht. Sie ist rascher bereit, etwas auszuprobieren. Wenn Sie als Frau Mitarbeiter eines männlichen Managers sind, täten Sie gut daran und würden Ihrem Partner die Aufgabe erleichtern, wenn Sie nicht immer mit unerschöpflichen Alternativen zu einer Situation aufwarten. Sogar, wenn Sie ziemlich sicher sind, daß irgendeine Lösung nicht funktioniert, sollten Sie es einmal darauf ankommen lassen. Wenn Ihr männlicher Partner selbst nicht ganz sicher ist, suggerieren Sie ihm nicht, daß seine Meinung falsch ist, sondern ermutigen Sie ihn dazu, etwas abenteuerlicher zu sein und auszuprobieren, ob es klappt oder nicht. Notfalls mit dem Hinweis, daß es in den meisten Fällen ja Männer waren, die als die großen Abenteurer gelten, z. B. Drake oder Marco Polo.

*Was bedeutet der Beruf für „ihn"?*

Ob Arzt, Rechtsanwalt, Ingenieur, Leiter eines Verkaufskontors etc., der Beruf ist für den Mann immer ein Teil der Persönlichkeit. Der Beruf verhilft ihm dazu, sich als Person zu entfalten, oder er macht aus ihm einen geschlagenen Mann, wenn er erfolglos ist. Bei der Frau ist der Erfolg im Geschäfts- oder Berufsleben oft weniger wichtig. Sie hat andere Möglichkeiten, ihre Tüchtigkeit zu beweisen. Es ist sehr wichtig, daß beide, die männlichen und die weiblichen Direktoren, ihre Persönlichkeit besser verstehen und auch die Verschiebung der Werte, die sich heute in der Gesellschaft vollzieht, berücksichtigen. Die meisten Männer sind nicht zufällig zu ihrem Beruf gekommen, indem sie in einer Anzeige gelesen haben, daß hier oder da jemand gebraucht wird. Männer, die in der Regel mehr sachlich eingestellt sind, prüfen erst, welche Begabungen und Geschicklichkeiten oder geistige Fähigkeiten sie haben und suchen dann, bewußt oder unbewußt, einen Beruf, bei dem diese Fähigkeiten ihnen Ansehen und ein gutes Einkommen einbringen. Weiterhin spielt bei der Entscheidung des Mannes eine große Rolle, mit welchen Leuten er zusammenarbeiten wird, und wie er im Konkurrenzkampf mit seinen Mitarbeitern abschneiden kann. Auch ist er in zunehmendem Maße daran interessiert, mit welchen Wertmaßstäben seine Leistung gemessen wird.

Wenn wir uns diese Gedanken vor Augen halten, dann hat der praktisch veranlagte Mann das Problem, einen Beruf zu ergreifen, im gewissen Sinn stark vereinfacht. Er sucht sich die Aufgabe, bei der die Menschen, mit denen er zusammenarbeiten muß, seine Fähigkeiten richtig einschätzen, ihn mit Lob und einem guten Gehalt bedenken und ihm Arbeiten überlassen, die er akzeptabel findet.

Wenn er in seinem Beruf glücklich ist, dann hat er wahrscheinlich das Feld gefunden, auf dem seine speziellen Talente gefördert werden. Diese Talente sind mit der Zeit gereift und werden dies wahrscheinlich auch weiter tun.

Darum wird, wenn der Beruf den ständigen Kontakt mit Menschen erforderlich macht, das Geschick im Umgang mit Leuten wachsen. Wenn die Aufgabe eine analytische Geisteshaltung, eine starke Persönlichkeit oder einen bloßen „Jasager" erfordert, dann wird auch das auf die Persönlichkeit wirken und eine zunehmende Anpassung erfolgen. Wenn man in seinem Beruf glücklich ist, dann hat man auch die richtigen Mitarbeiter gefunden, mit denen man 40 Stunden in der Woche zusammen sein kann. Der Manager respektiert sie und will weitgehend wie sie sein. Als Frau oder Manager sollte man nicht in dieses Gefüge eingreifen. Jede offene Anregung, daß er sich bei seiner Arbeit mehr entspannen soll oder

aggressiver sein soll, oder daß er nur seine Gewohnheiten
wechseln soll, um z. B. interessantere Leute kennenzulernen,
wird sofort mit einem sehr tiefverwurzelten Widerstand
beantwortet. Er hat die Persönlichkeiten und Bekannt-
schaften deshalb gepflegt, weil sie ihn erfolgreich machten.
Ihre Intervention wird daher als Versuch interpretiert werden,
ihm bei seinem Erfolg im Weg zu stehen. Wenn er aber in
seinem Job nicht glücklich ist, könnten Sie ihm helfen, die
Gründe hierfür herauszufinden. Sie könnten z. B. andeuten,
daß er in seiner gegenwärtigen Beschäftigung seine Talente
nicht richtig einsetzen kann, daß er deshalb auch in bezug auf
Gehalt und Status nicht die Anerkennung erhält, die er
verdient. Folglich hat er sehr wenig Respekt und Gemeinsamkeiten mit den Menschen, mit denen er bei seiner Arbeit
ständig in Berührung kommt. Welche Fähigkeiten hat er hier
nicht benutzt? Welche Typen von Menschen schätzt er, und in
welchen Bereichen sind diese normalerweise anzutreffen?

Ein großer Teil der Schwierigkeiten, die weibliche Manager
haben, sich durchzusetzen, beruhen auch darauf, daß sie ähnlich
wie ihre männlichen Kollegen, versuchen eine Rolle zu spielen,
und nicht ihre eigenen Talente und Möglichkeiten wecken. Sie
sind oft krampfhaft bemüht, in Arbeitsstil und Auftreten ihre
männlichen Kollegen zu kopieren, ja u. U. sogar zu übertreffen.
Es wäre viel besser, wenn sie als Frau ihre eigene Persönlichkeit
betonen und so ihren männlichen Mitarbeitern die Gelegenheit
geben würden, sie akzeptieren zu können.


*Die Probleme des Managers mit der emanzipierten Frau*

Der Manager von heute steht genau so in einer Konflikt-
situation mit dem weiblichen Manager wie sie mit ihm. Die
Idee der freien, unabhängigen Frau von heute, die Interessen,
Hobby oder Beruf hat, die ein wesentlicher Teil ihres Lebens
sind, neben ihrer Familie und ihrer Hausarbeit, paßt einfach
nicht zu der Vorstellung von der Rolle der Frau, die der

heutige Mann von seiner Erziehung her noch hat. Das Leben seiner Mutter war viel weniger unabhängig. Soweit er sich erinnern kann, hat sich ihr Leben an den Bedürfnissen des Mannes, der Kinder und des Heims orientiert, und sie war zufrieden. Darüber hinaus gibt es die Bücher und die Geschichten, die er als Kind gelesen hat und die ihn beeinflußt haben. Da war der Ritter in glänzender Rüstung immer die Autorität. Er wußte alles, er wurde nie in Frage gestellt. Was er nicht verstehen kann, ist, warum ihm die moderne Frau so viele Schwierigkeiten bereitet, ihn ununterbrochen testet und ihn herausfordert. Warum kann sie ihn nicht einfach akzeptieren. Wenn wir zurückdenken an Märchen, gab es immer die gute Mutter, die immer pflichtbewußt zu Hause blieb, um den Herd zu versorgen, die Fäustlinge zu stricken und zu spinnen. Sie haben vielleicht auch einmal gedacht, daß dies eine altmodische Figur war. Aber das Bild einer liebenden Mutter, die sich vollkommen der Familie widmet und dafür Liebe und Anerkennung erfährt, ist eine sehr tiefverwurzelte Vorstellung in der männlichen Vorstellungswelt. Märchen des 16. Jahrhunderts und Großmütter des 19. Jahrhunderts haben den Manager von heute nicht auf die Frau von heute vorbereitet, mit der er es zu tun hat. Daher ergeben sich für ihn sehr viele Konflikte in diesem Zusammenhang:

1. In Wirklichkeit würde er sich viel wohler fühlen, wenn die Frau ihre traditionelle Rolle im Haus weiterspielen würde. Auf der anderen Seite muß man zugeben, daß sie viel weniger im Haushalt zu tun hat als früher, und diejenigen, die mit Mädchen zusammen zur Schule gegangen sind, wissen, daß diese ebenso schnell lernen wie Männer. Die Frau kann also auf sehr vielen Gebieten mit einem Mann konkurrieren. Wie kann man diese beiden Gesichtspunkte in Einklang miteinander bringen?

2. Wie behandelt man eine Mitarbeiterin? Soll man sie nach allgemeiner Norm behandeln, sie zuerst sprechen lassen, ihr einen Platz offerieren oder mit ihr konkurrieren, als ob sie ein

Mann wäre? Männer tendieren dazu, beides zu versuchen und dann die Methode zu verwenden, die am erfolgreichsten ist. Aber die wenigsten sind dann mit ihrer Lösung zufrieden, auch wenn sie sicher sind, daß sie recht haben. Die Gesellschaft hat noch keine verbindlichen Regeln festgelegt, wie die moderne Frau behandelt werden soll. Die frühere israelische Ministerpräsidentin Golda Meir wurde kürzlich in einem Interview gefragt, was sie von der angeblich von David Ben Gurion stammenden Bemerkung, daß sie der einzige Mann in seinem Regierungskabinett war, hielte. Sie wies bei ihrer Entgegnung daraufhin, daß dies eine typische männliche Einstellung zeige, weil er wahrscheinlich gedacht hätte, ihr damit ein Kompliment zu machen. Wie würde es aufgefaßt, wenn eine Frau über einen Mann äußern würde, daß er so hervorragend wäre, daß er fast wie eine Frau sei?

Dieser kleine Dialog zeigt, daß tatsächlich die Vorurteile zwischen Männern und Frauen auch heute noch existieren.

3. Wie lebt man mit einer arbeitenden Frau? Tut man so, als ob sie nicht arbeitet? Bespricht man mit ihr die Probleme des eigenen Arbeitsplatzes, oder diskutiert man über die Dinge, die mit dem Heim zusammenhängen? Gibt man seine eigene Unwissenheit zu und ist bereit, von ihr zu lernen? Soll man sie davon erzählen lassen, was sie sich im Zusammenhang mit ihrem Haushalt wünscht, oder soll man darüber sprechen, was sie im Berufsleben beschäftigt?

Viele Männer haben beides versucht und sind darüber unglücklich geworden. Wenn sie die berufliche Situation der Frau ignorieren, dann ist die Verständigung gestört. Die Frau fühlt sich vereinsamt, und Reibereien sind die Folge. Wenn man dagegen bereit ist, von ihr zu lernen, dann fühlt man sich in seiner Männlichkeit verletzt. Man glaubt, daß sie eigentlich die Hosen in der Familie anhat. Viele Männer fragen sich, ob es überhaupt möglich ist, einen Kompromiß zu finden. Sie hören zwar, daß es so was gibt, aber sie glauben nicht daran.

Es wäre naiv, gleich einen paradiesischen Zustand zu erwarten. Gerade die europäischen Männer meinen, wenn der Preis, den sie für die Gleichberechtigung zahlen müssen, der ist, daß sie am Abend Geschirr spülen und abtrocknen müssen, wäre dies ihrer unwürdig. Sie haben Angst davor, daß ihr teilweises Nachgeben zu einer totalen „Niederlage" führt.

Die Probleme, die die Männer heute mit den Frauen haben, werden wahrscheinlich nicht mehr existieren, wenn in Zukunft die Frauen selbst etwas bei der Lösung mithelfen und die Position des Mannes besser verstehen lernen. Er fühlt sich in seinem traditionellen Platz im Heim, im Beruf und in der Gesellschaft bedroht. Niemand hat ihn darauf vorbereitet. Frauen sollten ihn also nicht nur bedrohen. Das Resultat wären verstärkte Ressentiments. Die Frauen sollten vielmehr versuchen, dies zu verstehen. Hierfür sollen sie ja sogar besonders talentiert sein. So haben sie dann auch das Recht, daß er sie versteht. Erzählen Sie als Frau von Ihren Problemen, und suchen Sie seinen Rat. Der Mann wird sich so nicht nur respektiert fühlen, sondern entwickelt ein größeres Interesse für Ihr Leben und Ihre Situation. Diese Taktik kann sehr gut die Basis eines dauerhaften Kompromisses für die Zukunft sein.

Wenn Sie lernen, sich selbst zu managen, Ihre Mitarbeiter, auch die weiblichen, besser zu verstehen, dann sind Sie auf dem besten Wege zu einem guten Manager. Die neuen Einflüsse stellen eine weitere Herausforderung unserer sich dauernd wandelnden Welt dar. Sie gehören damit zu den Dingen, die ein wirklich revolutionäres Management neu durchdenken muß.

Leser:
*Wie kann ich, wenn ich selbst eine Reihe von Vorgesetzten
über mir habe, das Prinzip, das Sie in diesem Kapitel erläutert
haben, anwenden?*

Autor:
*Sie können z. B einigen Ihrer Vorgesetzten des öfteren
Komplimente machen und ihnen zu verstehen geben, daß Sie
sich darüber klar sind, wie schwierig deren Aufgabe ist. Sie
könnten auch besseren Kontakt mit den Leuten herstellen, die
Sie täglich treffen: Der Kellner, der Taxichauffeur, das
Stubenmädchen im Hotel haben alle viel interessantere Dinge
zu erzählen, als man normalerweise annimmt. Wie lange ist
es her, daß Sie sich bei Ihren Mitarbeitern bedankt haben und
Fragen nach ihrem Privatleben stellten? Sie werden entdecken,
daß Ihr eigenes Leben dadurch interessanter wird.*

Leser:
*Wenn ich Sie richtig verstehe, soll ich lernen, wie ich mich
selber besser manage. Wie kann ich das im Detail durchführen?*

Autor:
*Ich habe Ihnen bereits einige Anhaltspunkte gegeben. Wenn Sie
es noch spezifischer haben wollen, können Sie sich am Ende
jedes Tages überlegen, was Sie richtig und was Sie falsch
gemacht haben. Sie können auch darüber nachdenken, was Sie
anders machen würden, wenn sich die Situation nochmal
ereignen sollte.*

*Stellen Sie sich zwei Stoppuhren auf den Schreibtisch oder
Arbeitsplatz. Die eine Uhr würde zeigen, wieviel Zeit Sie
unnötig verschwendet haben, und welche Zeit von Ihnen
nützlich angewendet wurde. Sie würden dann sofort entdecken,
daß Sie bereits beim „Zeitmanagement" ganz große Ersparnisse
erreichen können. Das heißt aber nicht, daß Sie jetzt in ein
ganz geiziges Verbrauchen von Zeit hineinschlüpfen. Das stände
im Gegensatz zu all den Dingen, die ich bis jetzt besprochen*

habe. Im Gegenteil, durch eine vernünftige Verwendung Ihrer Zeit würden Sie disponierbare Zeit gewinnen, die Sie dann für kreative Dinge verwenden können. Sie könnten bei Besprechungen vorher klären, wie lange das Gespräch dauern müßte und die Stoppuhren dazu benutzen, um die Zeit entsprechend einzustellen. Dadurch vermeiden Sie weitgehend Leerlauf und ein Ausufern der Gespräche.

Wir wiederholen oft unnötigerweise Dinge, sprechen über unwichtige Fragen, die uns nichts im psychologischen Sinn einbringen. Wenn wir diese Methode der Zeitersparnis einmal gelernt haben, können wir sie leicht an unsere Mitarbeiter weitergeben.

Leser:
Viele dieser Ideen erfordern eigentlich noch mehr Zeit. Wenn ich schon zu Beginn wenig Zeit habe, wie kann ich dann das alles bewältigen?

Autor:
Genau im Gegenteil. Ich schlage auch vor, daß Sie von der steifen Notwendigkeit, Dinge in einer bestimmten Weise und unter gewohnten Bedingungen durchzuführen, abkommen. Sie können viele Orte und Gelegenheiten entdecken, die normalerweise ungenützt sind, und dadurch neue Zeit- und Tätigkeitsgelegenheiten entdecken. Während der Fahrt im Zug, im Auto, im Bett. In diesem Zusammenhang ist interessant, daß die Dänische Eisenbahn im Vorort-Zugverkehr probeweise einen Sonderwagen eingerichtet hat, in dem man auf der Fahrt zum Arbeitsplatz bzw. auf der Rückfahrt Fremdsprachen lernen kann.

Eine gute Methode, sich von der Krankheit zu heilen, alles selbst machen zu wollen, wird durch ein Experiment, das vor kurzem durchgeführt wurde, illustriert. Ein Manager zwang sich dazu, drei Mitarbeitern eine Aufgabe, die er selbst lösen wollte, zu übergeben. Zu seiner fast unangenehmen

„*Es ergeben sich immer Möglichkeiten, neue Fähigkeiten
zu erlernen ...*"

*Überraschung hatten zwei dieser Menschen die Aufgabe besser
gelöst als er selbst. Eine gute psychologische Lektion und
gleichzeitig auch Arbeits- und Zeitersparnis.*

Leser:
*Was soll ich tun, wenn einer meiner Vorgesetzten eine Frau ist?*

Autor:
*Sofern Sie es können, wäre es das beste, wenn Sie diese Tat-*

136

sache überhaupt vergessen würden. *Nachdem das aber nicht immer möglich ist, würde ich Ihnen raten, sich ihr gegenüber im allgemeinen so zu verhalten, wie Sie es einem männlichen Vorgesetzten gegenüber tun würden, d. h. also auf die tatsächlichen nüchternen Beziehungen zu reagieren und zu versuchen, die Frau mit Ihren wirklichen Leistungen zu beeindrucken.*

*Manches Mal ist es schmeichelhafter, Kritik auszuüben und auch zu verlangen, ohne die kulturellen Unterschiede als Verschönerung oder Belastung mitspielen zu lassen.*

Leser:
*Wenn ich als Frau männliche Mitarbeiter führen muß, wie ist es dann?*

Autor:
*Derselbe Rat gilt auch hier. Verwenden Sie nicht Ihren weiblichen Charme oder Ihre Schönheit. Das kann zu sehr unnatürlichen Verhältnissen innerhalb des Betriebes führen. Natürlich meine ich damit nicht, daß Sie auf keinen Fall Schmeicheleien akzeptieren sollen. Sie sollten sie aber mit einem Lächeln zur Seite schieben. Das alles heißt selbstverständlich nicht, daß Sie sich nicht auch nett anziehen sollen oder vielleicht Parfüm verwenden. Versuchen Sie auf keinen Fall, sich selbst und anderen Ihre Qualifikation dadurch zu beweisen, daß Sie ständig auf der Suche nach Mängeln und Fehlern bei Ihren männlichen Kollegen sind. Gleichzeitig sollten Sie auch weiblichen Mitarbeitern gegenüber vorsichtig sein und Ihre Neutralität bewahren.*

## Allgemeines Rezept:

Verwenden Sie so wenig wie möglich Ihre Autorität. Erklären Sie Ihren Mitarbeitern, warum Sie Anordnungen geben. Geben Sie des öfteren zu, wenn Sie einen Fehler gemacht haben. Es ist falsch, zu glauben, daß man Autorität verliert, wenn man seine Schwächen zugibt. Gehen Sie mit gutem Beispiel voran, indem Sie sagen: „Ich habe einen Fehler gemacht, aber ich werde versuchen, ihn in der Zukunft zu vermeiden." Zeigen Sie also, daß Sie an sich selbst arbeiten, daß Sie sich selbst managen, daß Sie fähig sind, sich zu verändern. Das ist oft viel mehr wert als lange Diskussionen.

Es zeigt dem Mitarbeiter, daß Sie wirklich Führungs-qualitäten haben, die nicht darin bestehen, andere anzuschreien und strikte Befehle zu erlassen, sondern menschlichen Kontakt zu wahren. Weiterhin wäre es auch gut, wenn Sie über Ihr Privatleben gelegentlich etwas erzählen, vielleicht auch mal Rat holen in bezug auf persönliche Probleme.

Sie würden Ihren Mitarbeitern dadurch das Gefühl geben, daß Sie wirklich gebraucht werden und daß Sie ihnen Vertrauen schenken.

## VII. Der spekulative Manager

„Für dieses Leben ist der Mensch nicht schlau genug!" (*Brecht,* Drei-Groschen-Oper). Sicherlich war diese Einstellung in gewisser Weise sehr bequem und vielleicht sogar angenehm.

Inzwischen aber hat man uns die Möglichkeit, so zu argumentieren, geraubt und mit der Realität konfrontiert, in der wir genaugenommen immer die Meister des Schicksals sind. Wir müssen entscheiden, planen und spekulieren. Dies gilt vor allem für den modernen Manager. Auch die besten Computerpläne und erprobte wissenschaftliche Praktiken werden sehr oft durch unerwartete Umstände oder Ereignisse über den Haufen geworfen. Je komplexer das moderne Leben, je weiter der Horizont wird, desto mehr Faktoren müssen für unser Vorhaben in die Gleichung eingesetzt werden, die, wenn sie korrekt aufgelöst wird, eine Antwort auf das unbekannte X gibt.

Nach dem Peter-Prinzip ist es viel wahrscheinlicher, daß derjenige, der keine Entscheidungen trifft, der ist, der am leichtesten zur Spitze aufsteigt. Die Versuchung ist deshalb sehr groß, sich auf magische Intuition oder den großen Bruder zu verlassen, der Entscheidungen trifft und für uns plant. Unterentwickelte Länder, wie Indien, Indonesien und viele neue afrikanische Staaten, stehen alle vor denselben Alternativen. Sie fühlen oft, daß es einfacher wäre, wenn wir ihre Mitbürger dazu zwingen würden, z. B. die heiligen Kühe in einen Kral zu stecken, anstatt diese Sitte des freien Herumlaufens weiterbestehen zu lassen. Im Augenblick ist es so, daß die Kühe in den mehr oder weniger modernen Städten Indiens sehr hinderlich sind. Gleichzeitig ist es aber außerordentlich

schwierig, außer man greift zu diktatorischen Maßnahmen, die
Hindus davon zu überzeugen, daß es viel besser für die Kühe
und für sie selbst wäre, wenn diese nicht in den Straßen frei
herumlaufen würden.

Kommunismus und Demokratie sind die politischen Alternativen dieses 20. Jahrhunderts. Die Lösung in der einen
Form oder der anderen wird wahrscheinlich die Entwicklung
in den nächsten 100 Jahren bestimmen.

Der Manager ist gezwungen, ein Spekulant zu werden. Er
muß wissenschaftlich Roulette spielen. Er weigert sich, aber er
kann die Hinwendung zum Medizinmann und zum Magier
nicht umgehen. Dabei hat er jedoch den naheliegenden Schritt
noch nicht gemacht, das wirkliche wissenschaftliche Planen
seines eigenen Lebens. Alles, was er hierfür bis jetzt erhalten
hat, sind Komplexe, Platitüden, alle möglichen modernen
Entscheidungsspiele. Die meisten davon haben, wie kürzlich die
Berichte gezeigt haben, in Wirklichkeit nicht funktioniert. Ein
Artikel der Harvard Business Revue z. B. hat auf diese Mißerfolge hingewiesen. Wieviel intelligente Spekulation brauchen
wir auf vielen Gebieten unseres Lebens? Das Hauptproblem
dieses Jahrhunderts ist, daß wir jetzt wirklich in ein spekulatives Zeitalter eingetreten sind. Vor Hunderten von Jahren
konnten, ja mußten wir noch gedankenlos in den Tag hinein
leben. Die Welt wurde von Dämonen und Feen beherrscht.
Wohlwollende Könige und Kaiser haben die Entscheidungen
für uns getroffen. Die Masse war machtlos, leibeigene Prole-
tarier, in Geist und Wirkungskraft gleichermaßen beschränkt.
Der Aufsichtsrat, Wirtschaftskrisen oder politische Entwicklungen sind heute an die Stelle dieser früheren Machthaber
getreten.

In demselben Maß wie unsere Zivilisation fortgeschritten ist,
hat Erziehung sich bemerkbar gemacht. Hungersnöte und
andere Krisen wurden mehr und mehr unter Kontrolle
gebracht, wenn auch längst noch nicht vollkommen, und

eine Mittelklasse hat sich entwickelt. Millionen von Menschen wurden so in die Situation gebracht, wo sie ihr eigenes Leben lenken müssen. Sie können Entwicklungen hemmen, Unfälle erleiden oder nicht erträumte Ziele erreichen mit dem riesigen Kräftepotential der modernen Lebensmaschine. Die Technologie kam ihnen zu Hilfe. Computer haben sie mit phantastischen Werkzeugen auf vielen Gebieten menschlicher Aktivität unterstützt. Wir haben gelernt, daß unsere Gesundheit zu einem Großteil davon abhängig ist, was wir mit unserem Körper tun, ob wir zuviel essen, ob wir genügend Sport treiben und uns nicht zu viele Sorgen machen.

Unsere Finanzen hängen davon ab, wie intelligent wir beim Sparen sind, beim Investieren und bei der Spekulation an der Börse. Das Schicksal unseres Landes, seine Abhängigkeit, seine Unabhängigkeit und sein Status in der Welt, das Geschick der Nation, alles hängt mehr oder weniger von unserer Entscheidung ab, von dem Grad unserer Teilnahme an Reformen und Revolutionen. Zumindest wird uns das erzählt. Sogar das Glück beeinflussen wir selbst dadurch, ob wir Ziele haben oder keine, was wir mit unserer Freizeit tun, ob wir damit zufrieden sind, zu stagnieren, oder ob wir neue Erfahrungen sammeln und uns weiterentwickeln wollen. All diese Dinge sind Triebkräfte unserer inneren Revolution oder Resignation.

Wir leben länger als vorher. Aber wie verbringen wir diese zusätzlichen Jahre? Wir haben mehr Freizeit, aber was tun wir mit diesen Extratagen. Wir haben gelernt, weiter vorauszuschauen und weiter in die Vergangenheit zurückzublicken. Unsere Zeitperspektive hat sich ungeheuer erweitert und vergrößert. Aber welche Konsequenzen ziehen wir daraus?

All diese neuen Faktoren haben unser modernes Leben überrumpelt. Vor 50 Jahren konnten wir noch mit den Schultern zucken und uns hinter der Entschuldigung verbergen, daß wir nicht sehr viel in bezug auf unser eigenes Schicksal und das Schicksal unserer Firma machen könnten. Solche Aussagen klingen heute immer unglaubwürdiger. Wir wissen, daß es nicht mehr stimmt, aber wir wollen es nicht akzeptieren. Wir sind in ein spekulatives Zeitalter hineintorpediert worden, wo es mehr und mehr notwendig wird, genau zu wissen, wo und wann man was tun soll. Trotzdem haben uns bisher keine Schulen oder Universitäten Kurse angeboten, wie man sein Leben richtig managt. Was wir an Lebenslektionen gelernt haben, konnten wir nur tropfenweise aus der oft sehr schmerzhaft und langsam aufgespeicherten Erfahrung unseres täglichen Lebens herausfiltrieren. Trotzdem sind wir außerordentlich desperat. Wir müssen intelligente Spekulanten auf vielen Gebieten unseres Lebens werden. Ich habe selbst viele Studien im Zusammenhang mit den menschlichen Einstellungen durchgeführt.

Diese Studien beschäftigen sich mit der Aufgabe des Mannes, des Menschen, Antworten für seine vielen Probleme zu finden. Ein Freund von mir sagte mir einmal, das Problem, an dem viele Menschen leiden, ist der Glaube an die Illusion, es gäbe eine Antwort, während es in Wirklichkeit einfach keine Antwort gibt. Wenn Sie dies einmal akzeptieren würden, dann wären Sie viel glücklicher. Trotzdem sind die meisten von uns so erzogen worden, daß wir immer glauben, es müsse eine Antwort irgendwo geben. Deshalb hören wir einfach nicht auf, diese Antwort zu suchen. Wir brauchen Werkzeuge, um unsere Spekulation intelligent durchzuführen. Viele dieser Fragen beschäftigen sich mit dem Menschen und seinem Körper, andere mit Mensch und Geld, Mensch und Freizeit, Mensch und dem Wunsch nach Unabhängigkeit.

## Medizinmann oder Wissenschaftler

Studien, die amerikanische Militärexperten durchgeführt haben, zeigen, daß z. B. der moderne Arzt immer noch in dem Konflikt gefangen ist, ob er sich als eine Art magischer Meister über Leben und Tod präsentieren soll, oder aber als ein intelligenter aber unperfekter Techniker der Biologie. Er und wir schwanken zwischen intuitiver bzw. mystischer Kontrolle unseres Körpers und intelligenter Spekulation. Diese Studie zeigte, daß man, um das Verhältnis zwischen Arzt und Patienten zu verbessern, erreichen muß, daß der Arzt den modernen Patienten als eine gleichrangige Persönlichkeit anerkennt. Diese Forderung ist ebenso anwendbar in bezug auf den Aufseher, Manager oder Direktor. Er muß erkennen, daß seine Untergebenen Teilnahme erwarten, eine eigene Meinung haben und ihm bei seinen Plänen helfen können und es auch wollen. Der Mann und seine Werkzeuge oder die Philosophie der „Gadgetry"*. Jeden Monat werden neue Produkte entwickelt. Elektronische und atomare Wissenschaft tragen zu einer ständigen Flut neuer Ideen bei, alle angeblich dazu bestimmt, unser Leben bequemer und erfreulicher zu machen.

Luxuriösere Autos, dickere Teppiche, reichhaltigere Nahrungsmittel, elektrische Zahnbürsten, all dies sind Symbole unserer ökonomischen Wegwerfkultur und maßlosen Genußsucht geworden.

Vor kurzem wurde ich in Puertorico mit der Aufgabe betraut, mitzuhelfen in einer Aktion, die Sirenität genannt wurde. Sie sollte dazu dienen, den Puertoricanern zu helfen, ihre eigene Kultur zu entdecken. Nach der Meinung des früheren Gouverneurs, Munoz Marin, waren die Puertoricaner so schlecht dran, weil sie sich mehr und mehr angezogen fühlten von den weniger lohnenden Aspekten eines besseren Lebens: Fernsehen, Spielbank, Materialismus. Trotzdem kann wahrscheinlich sehr wenig getan werden, um die Entwicklung in Puertorico zu stoppen. Dasselbe gilt für Europa oder Amerika. Wir alle wollen, ob wir es zugeben oder nicht, immer mehr materielle Dinge im Leben.

*) „Gadget" ist jede Art von raffiniertem Werkzeug.

Die Ursache und das wirkliche Problem liegen in der Tatsache, daß technologische Entwicklungen uns von den uns unangenehmen Arbeiten befreit haben. Wenn sie richtig angewandt werden, ermöglichen sie uns mehr Freizeit und erwecken dadurch das Bedürfnis, einige fundamentale Fragen in unserem Leben zu beantworten. Solange wir so beschäftigt wurden, daß wir zu müde waren, noch etwas anderes zu tun, weil es uns einfach ausfüllte, uns am Leben zu erhalten, erschien dies als volle Erfüllung. Sobald das nicht mehr notwendig ist, sind wir dazu gezwungen, tiefere und echte Antworten in bezug auf Zweck und Sinn unserer Beschäftigung zu finden*.

Wir müssen beginnen, spekulative Philosophen und Manager zu werden. Tatsächlich sind aber sehr wenige Menschen dazu in der Lage, für sich selbst und für die Mitarbeiter die Frage zu beantworten, worum es eigentlich bei allen Dingen gehen sollte. Wir sind deshalb böse auf alle möglichen modernen Hilfsmittel, weil wir sie nicht wirklich genießen können, sondern weil sie uns in das unangenehme Dilemma gestürzt haben, zu spekulieren. Wie können wir lernen, intelligente Spekulanten zu werden und gute Manager unseres Lebens?

*) *Maslow* hat in seinem Buch „Motivation and Personality" (New York 1960) ein Konzept von der „Leiter menschlicher Bedürfnisse" aufgestellt. Darin weist er nach, daß der Mensch so veranlagt ist, daß seine Wünsche stets über die Stufe, die er erreicht hat, hinausführen. Sobald ihm ein Wunsch erfüllt worden ist, kann er sich dem nächsthöheren zuwenden. Auf der untersten Stufe stehen die leiblichen Bedürfnisse: Nahrung, physische Sicherheit, Unterkunft. Dann folgen die gesellschaftlichen „needs": Anerkennung durch die anderen, Zusammengehörigkeitsgefühl, Geborgenheit. Schließlich — und das ist die Phase, die jetzt in den höher entwickelten Ländern erreicht ist, — melden sich die Ichbedürfnisse: das Verlangen nach Selbstausdruck und Selbstverwirklichung, nach Weiterentwicklung der eigenen Fähigkeiten, nach eigenen kreativen Möglichkeiten. (Zitiert nach *Jungk: „Der Jahrtausendmensch"*, Bertelsmann 1973, Seite 393).

## Unentschiedenheit bekämpfen

Ein Feigling stirbt tausendmal, ein Held bloß einmal. Dasselbe gilt auch in bezug auf den Manager, der mehr und mehr Werkzeuge um sich herum sammelt, sich mit Computerdaten und Statistiken umgibt und am Ende doch entdeckt, daß er trotzdem spekulativ entscheiden muß. Er kann den Sprung in das kalte Wasser nicht vermeiden, wenn er versucht, eine Lösung zu finden.

*„Dabei hat mir der Makler gesagt, dies sei das letzte Paradies . . ."*

## Der Versuch oder die offene Entscheidung

Nach dem Prinzip der offenen Ehe kann man auch die möglichen Resultate einer Entscheidung vorher kontrollieren, indem man sich in eine bestimmte Situation begibt, etwa wie in einem wissenschaftlichen Versuch. Von einer Südseeinsel zu träumen oder einer friedlichen Existenz, ist eine Sache. Tatsächlich aber unter solchen Bedingungen einige Tage oder einige Wochen zu leben, hat vielen Menschen klargemacht, meistens zu spät, daß es in Wirklichkeit gar nicht das war, was sie wollten.

## Ein Textspiel

Wenn die Auswirkungen eines neuen Produktes oder einer Fusion mit einem Konzern ohne die Akkredition einer Firma durchgespielt werden, sollte dies so vor sich gehen, daß eine Scheidung oder eine Trennung ohne viel Schaden für beide Parteien herbeigeführt werden kann. Zumindest sollte ein solches Verfahren für die Trennung vereinbart und juristisch abgesichert werden, daß man die Erfahrungen und auch die schmerzhafte Notwendigkeit eines Prozesses vermeidet.

## Streß und seine Wirkung auf Menschen

Trotz aller moderner Computerinformationen und Systemanalysen werden sehr oft von Managern falsche Entscheidungen getroffen, weil sie unter Streß entstanden sind. Sein Denkvermögen ist getrübt, er gerät in Panik, wirft gutes Geld schlechtem hinterher und will nicht zugeben, daß er vorher im Unrecht war. Er verwirft ein Ziel nur, um sein Ich zu befriedigen. Man hat sogar die Vermutung, daß Leute, die von Natur aus Spieler sind, verlieren wollen, um sich einer Art masochistischer Selbstbestrafung zu unterwerfen.

## Mensch und Geld

In Untersuchungen, die wir für Banken, Börsen und Sparinstitutionen durchgeführt haben und die sich auf das Gebiet der Psychologie bei Investitionen erstreckten, haben wir herausgefunden, daß es verschiedene Grade von Sophistikation in der Haltung dem Geld gegenüber gibt. Es gibt so etwas wie Entwicklungsstufen im Finanzgebaren, die unsere psychologische Entwicklung begleiten, aber sehr oft gegenläufig sind. Zu Anfang müssen unsere Ersparnisse tangibel und gleich greifbar sein. Wir müssen in der Lage sein, sie zu sehen und zu berühren. Wir haben sie bis vor kurzem noch in Strümpfe gesteckt oder unter die Matratze. Das moderne Äquivalent verwendet die Sparkasse in der Nachbarschaft. In dem Ausmaß, in dem wir raffinierter werden, versuchen wir, uns nach neuen, höheren Renditen umzusehen. Wir beginnen, andere Arten von Investitionen in Betracht zu ziehen. Wir haben Blut geleckt. Wir haben herausgefunden, daß sich Geld gewinnbringend anlegen läßt, daß die Börse, Obligationen und andere Formen von Investitionen interessant sein können. In allen diesen Formen gibt es so etwas wie Rangstufen.

Hartes Geld auf der einen Seite und auf der anderen Seite ziemlich abstrakte Schuldverschreibungen oder Spekulationsbeteiligungen an der Industrie. Sogar ganz junge Leute müssen heutzutage lernen, Geld zu verwalten, richtig damit zu spekulieren und zu planen. Man nimmt an, daß Menschen zum Zeitpunkt der Heirat z. B. bereits eine höhere Reife und Geschicklichkeit im Umgang mit Geld haben. In den meisten Fällen ist es aber nicht so.

Wiederum muß man feststellen, daß unsere Schulen und andere Lehranstalten es versäumt haben, Lektionen und Informationen zu geben, wie man Geld richtig verwaltet, wann Geld als der wichtigste Aspekt von Erfolg und Mißerfolg in unserem Leben bezeichnet werden kann.


*Die Illusion der Unabhängigkeit*

Es gibt eigentlich, real gesehen, nur zwei wirklich unabhängige Länder: die Vereinigten Staaten und die Sowjetunion. Beide könnten unabhängig leben. Aber sogar diese Feststellung ist wahrscheinlich nicht vollkommen richtig. Trotz alledem beeilen sich alle Länder, auch wenn sie bloß eine Bevölkerung von 100 000 bis zu 3- oder 4 000 000 haben, ihre eigene Flagge hochzuhalten, ganz gleichgültig, wie phantasievoll oder lächerlich sie aussehen mag. In Indonesien mußte eine Tradition von 200jähriger Verbundenheit mit einem anderen Land, in dem Falle Holland, über Nacht zerbrochen werden. Während vorher Entscheidungen für die Indonesier getroffen wurden, mußten sie plötzlich lernen, diese Entscheidungen selbst zu treffen. Sie hatten und haben sich mit sehr vielen Problemen zu beschäftigen, die mit diesem plötzlichen Sturz in die spekulative Phase zu tun haben. Sehr oft sind die Bürger eines solchen Landes noch nicht darauf vorbereitet. Wir haben ungefähr ein halbes Dutzend Studien über solche jungen Nationen durchgeführt. Was wir bei diesen Studien gelernt haben, in Marokko, Samoa, Israel, Liberia und Venezuela, birgt eine direkte Anwendung aufs moderne Management in sich. Das Hauptdilemma besteht darin, den Umschwung von autokratischer Planung, der den faulen Fatalismus der Mitbürger zur Folge hatte, zu einer partnerschaftlichen, vom Volkswillen bestimmten und damit schreckenerregenden intelligenten Spekulation für jeden einzelnen durchzuführen.

Management heißt, befehlen können. Jeder Offizier oder sogar General weiß, daß dies genauso eine Illusion ist wie die Idee der Unabhängigkeit. In Wirklichkeit hängt der Manager von der Geschicklichkeit und der Willigkeit seiner Truppen ab, der sog. Untergebenen. „Ich bin der Führer. Man muß mir gehorchen. Was ich sage, muß getan werden". Eine solche Haltung kann sich sehr oft in der Praxis eines Managers ergeben, speziell wenn er mit einem guten Mann zusammenprallt, der eine starke eigene Persönlichkeit hat. Der Direktor, dem es klar ist, daß der Geist des unabhängigen Widersachers einer der wertvollsten Beiträge ist, auf die er in einer modernen Gesellschaft hoffen kann, denkt wirklich realitätsbezogen.

Der Kooperationsmann mit dem sog. Korpsgeist ist öfter, als man annimmt, der, der die Firmenentwicklung wirklich bremst und verantwortlich für den effektlosen alten Managergeist ist. Zu oft wird eine 100jährige Firma auch von einem 100 Jahre alten disziplinären Geist beherrscht. Der Befreiung der Frauen folgt langsam die Befreiung des Mannes. Wir warten immer noch auf die Befreiung des Führers, des Managers. Er muß von der Notwendigkeit, seine Autorität zu verteidigen, befreit werden, eine Autorität, die zumeist auf einem fundamentalen Gefühl der Minderwertigkeit beruht. Er muß sie dauernd kompensieren.

*„Die Aktionäre wünschen, daß ich das Unternehmen nach klassischen Prinzipien führe . . .“*

## Die spekulative Familie

Die bequemen Tage, als der Vater der wirkliche Herrscher in
seiner Familie war und wenigstens die Entscheidungen innerhalb dieses Familienverbandes treffen und auch damit rechnen
konnte, daß man ihm gehorchte, sind vorbei. Man hat ihm
schon zu oft gesagt, daß er demokratisch sein muß. Er muß
verstehen lernen. Er muß für seine Kinder Gelegenheiten zur
Selbstverwirklichung vorbereiten. Wir haben uns so oft in
Witzen über die Aspekte der modernen Familie und Erziehung
lustig gemacht, jedoch nicht deshalb, weil sie falsch sind,
sondern weil wir uns davor fürchten.

Man hat uns auch an dieser anderen Front dazu gezwungen,
in eine unsichere und spekulative Phase einzutreten. Die
meisten Eltern oder Manager haben wenig oder gar keine
Erfahrung darin, Parlamentarier zu sein, was eigentlich
bedeutet, Psychologe zu sein. Wir schwanken zwischen der
Möglichkeit, die Kinder zu schlagen, oder von den Mitarbeitern Gehorsam zu verlangen, und dem anderen Extrem,
sie als Gleichberechtigte zu behandeln und sie zu überzeugen,
das zu tun, was wir wollen. Die Großmutter war noch
überzeugt, daß die beste Methode, eine gute Heirat zustande
zu bringen, die war, sie zu arrangieren. Das ist ungefähr das
Äquivalent zu der diktatorischen Planung. Auf der anderen
Seite besteht der Glaube oder die Überzeugung, daß, was
passieren muß, passiert.

Die wirkliche Antwort liegt darin, die psychologische Umwelt
so zu arrangieren, daß sie den Kindern hilft, selbst Entscheidungen zu treffen. Wie soll man das tun?

Das ist wiederum eine Lektion, die wir außerordentlich nötig
haben. Es ist eine weitere von den Aufgaben der intelligenten
Spekulation. Anstatt Direktiven zu geben, sollte der moderne
Manager seinen Mitarbeitern beibringen, ohne Furcht auch
einmal unsicher zu sein und zu schwanken.

Die meisten Manager sind argwöhnisch, weil die Realität sich sehr oft so grundlegend unterscheidet von den scharfen und klaren Regeln, die sie gelernt haben, um Entscheidungen richtig zu treffen. Auf einem tieferen psychologischen Niveau gibt es eine Reihe Faktoren, die sehr oft eine viel wichtigere Rolle spielen. Entscheidungen haben häufig ein starkes Element von unbewußten Faktoren und Plänen in sich, die von keinem Entscheidungsteam oder keiner Computeranalyse in Betracht gezogen werden können. Ein kleiner Trick, wie man sich bei einer Entscheidung helfen kann, besteht darin, positive Post auf einen Haufen zu legen und die schwierigere oder schlechtere Post auf einen anderen.

Abhängig von Ihrer Disposition und Ihrer Stimmung können Sie dann die eine oder die andere zuerst in Angriff nehmen.

## Das Mysterium von der Unentschiedenheit

In Zeiten der Unentschiedenheit fällt es leicht, Entscheidungen zu verschieben. Vor einiger Zeit kam eine Dame zu mir, um sich Rat zu holen, welchen von drei Männern sie eigentlich heiraten sollte. Das war wirklich eine schwierige Entscheidung. „Ich habe jeden von ihnen gern", sagte sie. Als ich auf vorsichtige Weise vorschlug, daß sie Jules heiraten sollte, sagte sie: „Ja, dann würde ich ja Bill und Peter sehr stark vermissen." Dieselbe Reaktion wurde auch erzeugt, als ich die zwei anderen als mögliche Wahlen vorschlug. Frau Weiß, das war ihr Name, konnte eben keine Entscheidung treffen.

Viele Manager, obzwar ihr Dilemma nicht immer so kompliziert ist wie das dieser Frau, sind ständig mit Situationen konfrontiert, wo sie tatsächlich entscheiden müssen. Ein solches Problem beeinflußt verschiedene Leute verschieden, aber in den meisten Fällen ist es keine angenehme Situation, in der sie sich befinden. Was ist eigentlich der Grund, daß sich die Notwendigkeit, Entscheidungen zu treffen, in eine solch sensationelle Geschichte verwandelt?

Das erste, was wir über Entscheidungen zu lernen haben, ist, uns nicht so sehr für die zwei Faktoren zu interessieren, zwischen denen die Entscheidung getroffen werden muß, sondern mehr in uns selbst zu horchen. In dem Fall von Frau Weiß war es fast überflüssig, einen Heiratspartner mit dem anderen zu vergleichen, um ihr dann einen Rat zu geben. Die Schwierigkeit betraf sie selbst und hatte nichts mit den verschiedenen Wahlen zu tun, mit denen sie kämpfte. Wie ich ihr erklärte, hatte sie in Wirklichkeit Angst, überhaupt eine Wahl zu treffen. Wovor sie sich fürchtete, war die Endgültigkeit der Entscheidung und die Schwierigkeit, wie sie eine solche Entscheidung wiederum ändern könnte. Im Augenblick hatte sie drei Männer mit allen Möglichkeiten und Hoffnungen, die mit diesen Personen verbunden waren.

Sobald sie sich zugunsten des einen oder anderen entschieden hätte, wäre ihr nur eine dieser Möglichkeiten geblieben. Was sie in Wirklichkeit tat, war, Männer aufzuspeichern. Dadurch, daß sie überhaupt keine Entscheidung traf, ließ sie alle Möglichkeiten offen. In einer etwas verdrehten Weise erhielt sie von dieser Unentschiedenheit ein Gefühl der Sicherheit.

Im Grunde bleibt das Problem das gleiche, auch wenn wir irgendeine Art von Entscheidungen im Geschäft, im Finanzleben oder in der Entwicklung von Produkten zu treffen haben. Nehmen wir an, wir müssen uns zwischen zwei Anstellungen oder zwei Firmen eines neuen Produktes entscheiden. Was tun wir psychologisch? Wir malen ein geistiges Bild von allen Vorteilen, die der neue Arbeitsplatz zu offerieren hat: bessere Bezahlung, mehr Autorität, schöneres Büro. Auf der anderen Seite offeriert der Arbeitsplatz, wo wir jetzt sind, mehr Sicherheit; wir sind mit all den Anforderungen, mit all den Menschen, mit denen wir es zu tun haben, vollkommen vertraut. Der Unterschied im Gehalt wird möglicherweise dadurch wettgemacht, daß in der bisherigen Stelle die Arbeitsbedingungen leichter sind und man vielleicht bloß vier Tage in der Woche arbeiten muß. Dann treffen wir eine

„Wohin soll ich heute morgen zuerst gehen?"

Entscheidung: Wir tun dies in einer Art rascher Buchhaltungs-
prozedur und reihen alle Vorteile und alle Nachteile in bezug
auf die eine oder die andere Entscheidung auf. Was wir aber zu
oft übersehen, ist, daß die Faktoren, die nicht so leicht
erkennbar und die vielleicht unter der Oberfläche versteckt
sind, im Unterbewußtsein registriert werden.

Wenn wir uns zwischen zwei Arbeitsplätzen zu entscheiden
haben, ist ein Faktor, der vielleicht alle Vorteile der neuen
Position überwiegt, Angst und fehlender Mut, neu anzufangen. Oder wir mögen in Wirklichkeit nicht die neue Version
eines Produktes, selbst wenn unsere Marktstudien ergeben, daß
sie erfolgreich sein wird.

Leser:
*Wie kann ich lernen, rascher Entscheidungen zu treffen?*

Autor:
*Sobald wir die wirklichen Gründe, die uns von einer Entschei-*
*dung abhalten, entdeckt haben, können wir ein echteres und*
*wahrheitsgemäßeres Abwägen und Vergleichen der Pro- und*
*Kontra-Argumente der verschiedenen Alternativen vornehmen.*
*Eine erste Regel, um Entscheidungen zu beschleunigen, besteht*
*also darin, sich hinzusetzen und über dieses oberflächliche*
*System der Entscheidungsbuchhaltung, die wir normalerweise*
*anwenden, hinauszugehen. Sobald wir das tun und die wirklich*
*relevanten Kategorien mit in Betracht ziehen, wird unsere*
*Entscheidung oft viel einfacher. Wenn wir beginnen, uns*
*darüber bewußt zu werden, daß wir vor dem Wechsel selbst*
*Angst haben, ganz ungeachtet der Vorteile dieses neuen Jobs*
*oder dieses neuen Produkts, dann sind wir bereit, uns auf die*
*Bekämpfung dieser Furcht zu konzentrieren. Die tatsächlichen*
*konkreten Vorteile sind dann viel weniger wichtig. Je gleich-*
*wertiger die Bewertungen von zwei oder mehr möglichen*
*Zielen der Entscheidung ausfallen, desto länger dauert es, eine*
*Entscheidung zu treffen. Sogar bei Tierexperimenten hat sich*
*das gezeigt. Auch wenn ein Kind zwischen zwei Spielzeugen,*
*die ihm gleich gut gefallen, entscheiden muß, zögert es viel*
*länger, als wenn eines effektiv besser, größer oder anziehender*
*ist als das andere.*

*Eine zweite Möglichkeit, um uns über unser Problem Klarheit*
*zu verschaffen, ist die, uns den imaginären Vorteil vorzustellen,*
*z. B. auf dem Land statt in der Stadt zu leben, obwohl diese*
*Vorstellung dann oft sehr wenig mit der Erfahrung zu tun hat,*
*die wir tatsächlich machen, nachdem wir eine Entscheidung*
*getroffen haben. Der amerikanische Richter Lindsey hat vor*
*vielen Jahren vorgeschlagen, wie man das Verhältnis zwischen*
*Vorstellung und Realisierung einer Wahl, z. B. im Zusammen-*
*hang mit der Heirat, lösen kann. Er hat das in einem Buch*
*festgelegt, das „Die Probeehe" heißt. Eine neuere Version, die*
*jetzt ein Bestseller ist, heißt „Die offene Ehe" von Nina und*

George O. Neil. Beide Bücher diskutieren die Möglichkeit einer Probeheirat, die legal noch nicht bindend ist.

Eine solche Probeehe ist oft sehr hilfreich. Häufig ist eine Alternative, von der wir geträumt haben, ganz anders, wenn sie im hellen Tageslicht gesehen wird, speziell wenn wir sie einige Zeit lang durchgelebt haben und uns über alle Details, die daraus folgen, klargeworden sind. Unsere Jugendperiode ist das passendste Alter, um von solchen Probeperioden Gebrauch zu machen. Eines Tages werden wir vielleicht auch in unsere Schulpläne einführen, daß sich jeder junge Mensch für einige Wochen mit einem wichtigen Berufsfeld beschäftigt, um einen Vorgeschmack davon zu erhalten, worauf es wirklich ankommt, wenn man z. B. Tischler, Landwirt, untergeordneter oder leitender Angestellter, kreativer, manueller oder pragmatischer Arbeiter ist. Je mehr Erfahrungen wir aus verschiedenen Bereichen des Lebens gesammelt hätten, desto leichter würde es für uns später sein, eine Entscheidung in sehr lebenswichtigen Fragen zu treffen.

Es würde auch ein besseres Verständnis der Standpunkte anderer Leute geben. Aber selbst wenn wir schon erwachsen sind, ist es nicht zu spät, ähnliche Proben unter den verschiedenen Alternativen, zwischen denen wir zu entscheiden haben, durchzuführen.

Leser:
Ich habe einen Mitarbeiter, der sich nicht entscheiden kann, ob er in der Stadt oder auf dem Land leben soll, ob er einen Job in einem Büro oder einer Fabrik annehmen sollte.

Autor:
Warum empfehlen Sie ihm nicht, die eine oder andere Alternative eine Zeit lang auszuprobieren, indem er tatsächlich ein paar Tage oder ein paar Wochen versuchsweise die eine oder andere Möglichkeit testet? Wenn er z. B. in der Stadt wohnt, könnte er sich versuchsweise so benehmen als wohnte er auf

*dem Land. Er könnte zeitig aufstehen, versuchen, den Zug zu
erreichen, und dann ein paar Tage hindurch simulieren, daß
er eine Verbindung nach dem Vorort erreichen müsse. Er müßte
versuchen, herauszufinden, wieviel Freunde ihn besuchen
würden, wenn er schwerer erreichbar wäre.*

*Viele subtile und außer Acht gelassene Details würden bei
einem solchen Durchspielen klar werden.*

*Eine weitere Hilfe bei Entscheidungen kann sein, daß man
darauf achtet, ob man eine defensive Haltung in bezug auf
eine der möglichen Entscheidungen einnehmen muß.*

*Legen Sie eine Liste aller Nachteile an, die Ihrer Meinung nach
gegen den neuen Plan sprechen. Wenn Sie in diese Liste speziell
all die Faktoren, die bei einer kleinen Selbstanalyse als
wichtig erscheinen, eintragen, ergänzt durch die Erfahrungen,
die Sie bei den vorher vorgeschlagenen Versuchen gemacht
haben, dann kommen Sie vielleicht auf eine bessere Art des
Abwägens im Vergleich zwischen den Vor- und Nachteilen.*

Leser:
*Vielleicht ist es aber egal, wofür ich mich entscheide?*

Autor:
*Natürlich kann es noch Fälle geben, in denen trotz dieser
genauen Untersuchung in Wirklichkeit kein Unterschied
zwischen der einen Entscheidung und der anderen besteht.
Dann sind Sie berechtigt, die Entscheidung in einer fata-
listischen Weise durchzuführen. Eine Art von Versicherung,
die Sie haben, ist die, daß wir sehr oft, wenn wir einmal eine
endgültige Entscheidung getroffen haben, die ursprünglichen
Argumente, die Gründe für unsere Entscheidung waren,
vergessen. Wir konzentrieren unser ganzes Denken, unsere
ganze Haltung auf die Alternative, die wir ausgewählt haben,
und wir fühlen uns glücklich, weil wir keine Entscheidungen
mehr zu treffen brauchen, da wir alle anderen Möglichkeiten*

*ausgeschaltet haben. Sogar wenn wir einen Arbeitsplatz oder einen Ehepartner wählen, haben wir immer noch nach der endgültigen Entscheidung die Möglichkeit, uns im Rahmen dieser Entscheidung darauf zu konzentrieren, so viel wie möglich dabei herauszuholen.*

---

Drei Wege, wie man Entscheidungen treffen kann:

1. Lassen Sie sich nicht von oberflächlichen Pros und Kontras, Für- und Gegenargumenten leiten. Schauen Sie tiefer in sich selbst hinein, um herauszufinden, warum Sie eigentlich zögern.

2. Versuchen Sie probeweise alle Alternativen durchzuspielen. Sie werden dadurch neue Faktoren entdecken, die Ihre Entscheidung beeinflussen.

3. Denken Sie an alle Nachteile Ihrer möglichen Wahl. Vermeiden Sie, daß Sie zu einer Verteidigung Ihrer Entscheidung verleitet werden.

---

## VIII.  Der Manager als Philosoph

Es ist 17.15 Uhr am Nachmittag, das Ende des Arbeitstages
zeichnet sich für die meisten Menschen ab. Für Sie ist es aber
bloß ein zeitweiliger Aufschub ununterbrochener Meetings,
Telefonanrufe, also allgemeiner Entscheidungen, die getroffen
werden müssen. Sie sind allein und ziemlich müde. Ihr Blick
fällt auf die Couch in Ihrem Büro, und Sie stellen sich plötzlich
die Frage, warum Sie sich eigentlich nie in all diesen Jahren
öfter auf dieser Couch ausgestreckt haben. Sie bleiben weiter
sitzen und versuchen etwas, das einer Woge von Entmutigung
gleicht, zu bekämpfen.

Sie haben solche Momente bereits des öfteren vorher erlebt,
aber jetzt scheinen sie immer häufiger zu kommen. Gerade
während solcher Perioden schleicht sich langsam beim Manager
die Frage ein: Wozu plage ich mich eigentlich mit dieser ganzen
Geschichte ab? Lohnt sich das alles? Wohin will ich eigentlich?
Gibt es nicht eine tiefere Bedeutung und mehr Freude im Leben,
die ich nie erfahren, die ich nie erleben werde, weil ich mich
dauernd mit Geschäft und Erfolg beschäftige?

Als ich vor kurzem wieder eine solche Periode managerieller
Depression fühlte, habe ich mich endlich dazu gezwungen, mich
mit diesen nagenden Fragen in irgendeiner Weise zu konfrontieren. Als Psychologe wußte ich, daß ich Antworten, die wirklich etwas bedeuten, nur aus fundamentalen Prinzipien, die das
Leben bestimmen, erhalten kann. Ich entschied mich, die Literatur durchzusehen, und was ich darin fand, mit meinen
eigenen persönlichen Beobachtungen und denen von hunderten
anderer Manager zu vergleichen, um dann zu versuchen, einige
grundlegende Werte zu formulieren in bezug auf das moderne

Leben, also eine Art psychologische Plattform für Direktoren und Geschäftsleute zu schaffen. Ich entdeckte, daß ich das brauchte, denn einige meiner Mitarbeiter begannen, mich als Philosoph anzusprechen und nicht bloß als Manager oder Präsident.

Der erste Schritt war, das Problem zu definieren. Ganz deutlich hat es mit der Ermangelung eines Wertes in unserem heutigen Leben zu tun. Weiterhin mit unserer Adaption an die Dinge, die wir als wertvolle Ziele anzuerkennen gelernt haben und an die wir glauben. Aber was bedeuten eigentlich diese Verben, wie „leben", „adaptieren", „erziehen" in Wirklichkeit? Einige erklärende Erläuterungen sind notwendig. Zunächst einmal verwenden wir diese Verben, als ob sie alleinestehen könnten. Das ist aber nicht der Fall. Damit sie eine Deutung erhalten, müssen diese Verben qualifiziert und auf ein Objekt gerichtet sein. Wir müssen immer jemanden erziehen, für oder gegen etwas zu sein. Wir müssen für etwas leben, uns anpassen oder Mißerfolg haben im Zusammenhang mit einer bestimmten Gruppe oder bestimmten Umständen.

Wofür lebt man dann also? Das ist zunächst einfach gesagt: Das Leben ist Selbstzweck. Wir müssen für das Leben selbst leben. Ein Zweck des Lebens ist, so aktiv wie nur möglich zu sein. Je mehr wir das Leben in uns spüren, es uns bewußt machen, desto bedeutungsvoller wird alles um uns herum.

Normalerweise betrachten wir unser Leben als erfüllt und erfolgreich, wenn wir uns mehr oder weniger an die existierenden Umstände angepaßt haben: wenn wir Erfolg in unserem Beruf haben, verheiratet sind, Kinder erziehen, sparen und ein kleineres oder größeres Vermögen aufbauen. Die Tatsache jedoch, daß so viele unter uns Gefühle der Täuschung, der Frustration trotz des ansteigenden Erfolges haben, zeigt, daß irgendetwas fundamental in unserer Erziehung, in unserem Denken fehlt. Das Ziel oder der Maßstab, der sich nur an der Fülle und dem Erfolg orientiert, ist falsch. Was wir oft zu

„Ich habe ganz vergessen, daß in dieser Höhe die Luft so dünn ist."

etablieren versäumen, sind tiefere Ziele in unserem Leben, diese klar zu sehen und zu beschreiben und sie dann als Maßstab für unseren Erfolg zu verwenden.

Aber können wir wirklich Kriterien für diese tieferen Ziele aufstellen? Haben wir es hier auf der einen Seite nicht zu sehr mit sehr persönlichen und auf der anderen Seite mit zu weiten und unermeßlichen Dingen zu tun, die von normalen Menschen einfach nicht verstanden oder verdaut werden können? Es gibt trotzdem eine Reihe von anschaulichen Kriterien für das Setzen von Zielen, die uns zu einem Leben der Zufriedenheit und der Erfüllung als moderner Manager im Beruf und auch im Leben führen. Hier sind die Kriterien, wie ich sie sehe:

1. Das Leben wechselt dauernd.
2. Leben ist Wachstum, das zur Reife führt.
3. Leben soll unmittelbar und greifbar erfahren werden können.
4. Leben heißt, fundamentale Fragen stellen.
5. Leben ist Sympathie, Empathie, Einfühlung.
6. Leben hat Sinn.

Sehen wir uns jetzt ein Ziel nach dem anderen an:

*Leben ist dauernder Wechsel.*

Manchmal haben wir den Eindruck, daß wir dank unserer eigenen Stärke oder unseres Charakters sicher in der Mitte einer sehr stabilen Welt sitzen. Aber die Tatsachen zeigen uns, daß das nicht der Fall ist. „Alles fließt", sagte schon Heraklit (500 v. Chr.) Das war nie wahrer als in unserer Zeit.

In welchem Grad sind wir dazu geneigt, etwas zu tun und so darüber zu denken, als ob es eine Tatsache sei, daß Leben sich nicht ändert? Verwenden wir zu viele leere, abgegriffene Phrasen? Versuchen wir womöglich an das Leben oder die

*„Das Leben ist dauernder Wechsel . . ."*

Gesellschaft, in der wir leben, eine Stabilität und Steifheit
heranzubringen, die in Wirklichkeit gar nicht existiert?

Diese Frage ist deshalb wichtig, weil jede persönliche oder
geschäftliche Haltung und auch managerielle Entscheidung, die
den dauernden Wechsel außer acht läßt, definitionsmäßig
falsch sein muß; sie wird früher oder später zu einem psychologischen Mißverständnis, vielleicht auch zu ökonomischen oder
Geschäftsschwierigkeiten führen. Wenn wir die Tatsache des
dauernden Wechsels akzeptieren, dann wird die Fähigkeit, sich
an immer neue Umstände und Probleme anpassen zu können,
ganz besonders wichtig. Wir müßten uns darüber Gedanken
machen, was für Produkte unsere Firma in den nächsten paar
Jahren erzeugen wird, die vollkommen verschieden sein werden
von denjenigen, die wir jetzt erzeugen. Wir sollten uns mit
ganz anderen, anscheinend nicht mit unserer eigenen Branche
zusammenhängenden Produkten und Ideen befassen. Wir
sollten unseren Geist ständig wachhalten und dadurch uner-

wartete Einsichten in die Probleme unserer Firma und unseres
eigenen Lebens erlangen. Zu einem großen Ausmaß hat die
Erziehung unserer Generation und auch der neuen Generation
uns nicht darauf vorbereitet, uns mit dem dauernden Wechsel
auseinanderzusetzen. Wird dieser Fehler wiederholt? Erziehen
wir unsere Kinder wirklich dazu, flexibel zu sein, d. h. bereit
zu sein, sich dauernd an neue Umstände und Probleme heran-
zumachen, ohne Angstzustände zu bekommen? Oder sind wir
eher daran interessiert, in den Kindern ein Gefühl der Sicherheit zu erzeugen, indem wir es ihnen möglich machen, in einer
Weise aufzuwachsen, in der sie ständig mit denselben Symbolen
einer unveränderlichen Stabilität konfrontiert werden?

Es gibt zwei Arten von Sicherheit, eine statische und eine
dynamische. Die erste basiert im Glauben an die Unabänder-
lichkeit der äußerlichen Umstände. Die zweite zeugt von der
Möglichkeit, sich dank der menschlichen Fähigkeiten mit einer
sich ändernden Welt auseinandersetzen zu können. Da die erste
Haltung auf Wunschdenken basiert, kann sie im Gegensatz
zur wirklichen Sicherheit nur zu dauernder Angst und
Spannung führen.

Wir sprechen von dem Zeitpunkt, zu dem wir unsere Hypo-
thek abgezahlt haben, eine neue Produktion oder eine gewisse
Einkommensgrenze erreicht haben werden, oder die Heirat
unserer Kinder sein wird.
Wir sehen diese Ereignisse als große Zäsur an, gewissermaßen
als ob wir den Gipfel erreicht hätten und unsere Probleme und
Schwierigkeiten damit automatisch verschwunden wären. Aber,
wie die Chinesen bereits gesagt haben: „Es gibt immer Berge
hinter den Bergen." Kaum haben wir ein Problem gelöst, taucht
wieder ein neues am Horizont auf. Wir müssen, da der
Wechsel das einzige Permanente in unserem Leben ist, das
Konzept der dynamischen Sicherheit akzeptieren lernen.
Wir müssen aufhören, uns darüber zu beschweren, daß Dinge
sich dauernd ändern, es also keine dauerhafte Stabilität gibt.
Dies sollte von uns eher als Herausforderung angesehen
werden.

*Leben ist Wachstum, das zur Reife führt*

Wir wir gesehen haben, ist Leben unserer Meinung nach
dauerndem Wechsel unterworfen. Aber das Leben des Menschen
sollte kein willkürliches Wechseln sein. Der Wechsel muß im
Wachstum bestehen, das zu einer größeren Reife führt. Der
immer weiter werdende Kreis der Erfahrung muß sich spiralen-
förmig nach oben drehen und einen weiteren Horizont und ein
größeres Verständnis erzeugen.

Zunächst einmal muß man die Gefahr vermeiden, ein Gefan-
gener seines fixierten Eigenbildes zu werden, indem man eine
Rolle spielt und diese Rolle bis zum bitteren Ende durchzuhalten versucht. Wir werden sehr bald daran denken müssen,
daß wahrscheinlich das ganze Konzept einer Karriere, einer
Profession oder einer Beschäftigung, die ein ganzes Leben
lang dauert, grundsätzlich falsch ist und wir zwei oder drei
Karrieren in unserem Leben durchmachen sollten.
Es ist verständlich, daß das Spielen nur einer Rolle bequemer
ist. Es ist eine Art Verteidigungsmechanismus, durch den eine
Person versucht, ihre Identität zu bewahren in einer sich
dauernd ändernden Welt. Gleichzeitig tötet aber ein solcher
Versuch die Möglichkeiten des Wachstums. Nationales Denken,
also der Stolz, ein Deutscher, Franzose oder Engländer zu sein,
ist in einem ähnlichen Sinne ein Resultat der Unsicherheit:
Wenn ich kein Franzose bin, wenn ich kein Deutscher bin, was
bin ich dann? Ich habe dann meine Identität verloren. Sogar
der erste Schritt, Europäer zu werden, ist bereits schwierig. An
irgendeinem Punkt müssen wir uns auch daran gewöhnen,
Weltbürger zu sein. Die wirkliche Individualität, die wirkliche
Identität, auf die es ankommt, wird erst dann richtig zum
Vorschein kommen, und sich nicht mit Hilfe von Flaggen,
verschiedenen Geldarten und Dialekten manifestieren, sondern
auf privater Ebene abspielen.

Ein gutes Beispiel von Wachstum und Reife im Zusammenhang
mit menschlichen Beziehungen fanden wir in unseren Studien
für den Beruf des Mediziners. Eines der dornenreichsten

Probleme in dem Verhältnis zwischen Arzt und Patient besteht in der psychologischen Tatsache, daß moderne Patienten sich oft wie heranwachsende Söhne benehmen. Sie fühlen, daß sie bereits ziemlich viel über Medizin wissen, verteidigen sich, stellen Fragen, sind ungeduldig und üben so Druck auf den Arzt aus.

In diesen Situationen ist es notwendig für den Arzt, seine Reife zu zeigen. In der Regel hat er ein Bild von sich selbst, in dem er sich als Idealist oder autoritären Wissenschaftler sieht oder beide Rollen in einer vereinigt, die größten Respekt abnötigt. Er reagiert aber in Wirklichkeit unreif, wenn er unter dem Druck dieses Eigenbildes z. B. überempfindlich ist in bezug auf den Patienten. Manager und Mitarbeiter haben dasselbe Problem. Der Prozeß des Heranwachsens, des Reiferwerdens, bezieht sich auch auf Geschäfts- und Leistungsprobleme im allgemeinen. Zu oft wird ein notwendiger Schritt nicht unternommen, weil wir Angst davor haben, ungewohnte Rollen spielen zu müssen und genötigt sind, ein größeres Verständnis für das Leben zu zeigen, als die Umstände es uns in der Vergangenheit erlaubten oder gelehrt haben! Aber kein Wachstum ist möglich ohne den Willen, neue Experimente und neue Erfahrungen zu sammeln, mutige Entscheidungen zu treffen und Konflikte auf der Basis ihres Verdienstes zu lösen, anstatt durch ein „Fiat" (ein energisches „Es geschehe").

Wann immer wir mit einer neuen Depression konfrontiert werden, sollten wir für Wachstum und Reife stimmen, ja sogar in dem Ausmaß genau das tun, wovor wir uns normalerweise fürchten.

*Leben soll unmittelbar und greifbar erfahren werden können.*

Der moderne Mensch erwacht langsam und sieht die Gefahren, die als die Künstlichkeit und Falschheit unserer Zivilisation beschrieben werden. Die zunehmende Tendenz von Werbeleuten, Schauspielern oder Schriftstellern, Farmen zu kaufen, sich mit Viehzucht oder mit Obstkultur nebenbei zu beschäftigen, ist der Ausdruck einer instinktiven Rebellion gegen die einschränkende Existenz, die sie führen. Angeln und Jagd offerieren ähnliche wünschenswerte, direkte Erfahrungen mit der Natur und allem, was dazu gehört. Sehen, hören, riechen und fühlen vermitteln uns wunderbar erfrischende Eindrücke, obzwar ihr Wert nicht in rationalen Kriterien gemessen werden kann. Inwieweit wir in diesem Zusammenhang etwas von der Einstellung der Naturvölker übernehmen können, geht aus der Antwort eines Indianers hervor, der, befragt auf seine kärglichen Lebensumstände, geantwortet hat: „Ich möchte nicht anders leben. Ihr habt das Sprichwort: man arbeitet um zu leben. Welche Zeitverschwendung. Ich tue immer beides gleichzeitig."

Einfache Übungen können auch Ihre Sinne wecken und eine direktere Kommunikation mit der Welt herstellen. Wann haben Sie das letztemal Ihren Kopf aufrecht gehalten, während Sie vom Bahnhof kamen oder auf dem Weg ins Büro waren? Haben Sie sich bei irgendeinem regelmäßigen Arbeits- oder Spaziergang wirklich die Häuser angesehen: die Linien der Dächer, die Villen, die Fenster, die architektonischen Eigenheiten in Ihrer Nachbarschaft? Haben Sie wirklich Ihre Augen richtig gebraucht? Sie werden überrascht sein, wie viele neue Dinge Sie innerhalb eines Tages auf solchen Spaziergängen entdecken können.

Haben Sie gelernt, auf Töne und verschiedene Geräusche zu achten und herauszukristallisieren, um was es sich handelt? Haben Sie Ihr Bewußtsein ganz davon durchdringen lassen? Haben die Stimmen Ihrer Mitarbeiter eine Bedeutung für Sie? Sind Sie aufgeschlossen z. B. für das Rascheln der Blätter im Herbst, ein Nebelhorn auf dem Fluß, mysteriöse Geräusche, die dauernd in unserer Umgebung ertönen? Geräusche und gerade die Musik der Natur, die so viel zu unserer individuellen Atmosphäre beiträgt, muß man wieder hören lernen. Wie lange ist es schon her, daß Sie das Gefühl hatten, Leder oder Holz aktiv zu erleben oder wirkliche Freude an einem guten Werkzeug zu haben?

Solche Dinge und das Wiederaufleben des eigenen Fingerspitzengefühls in bezug auf die vielen Nuancen der Welt werden sehr zu dem Vergnügen am Leben beitragen und auch dazu, seinen Platz in der Ordnung der Dinge zu finden. Der Manager hat sehr oft die Aufgabe, ein Produkt und seine Arbeitskraft an seine Firma oder einen bestimmten Arbeitszweig zu verkaufen. Er muß seine Mitarbeier begeistern können, als wäre er ein Dichter, und, um das zu erreichen, muß er dieselben Formeln auch in seinem eigenen Leben anzuwenden gelernt haben. Es ist auch aus dem geschäftlichen Blickwinkel notwendig, die eigenen Sinne aufzuschließen. Je mehr wir das tun, desto mehr werden wir fähig sein, Einblick in unsere Motivationen zu gewinnen. Wir müssen lernen, Freude zu haben an der Form oder der Farbe einer Seife oder dem Äußeren eines Autos. Konsumenten haben überraschend reiche Erfahrungen mit allen Arten von Produkten. In unseren Studien finden wir immer wieder, daß eine Frau z. B. mehr als eine halbe Stunde damit verbringen kann, bloß zu beschreiben, was die Farbe, das Gefühl oder der Geschmack von Dingen für sie bedeutet.

Menschliche Kommunikation in ihrer tiefsten Bedeutung basiert nicht auf Logik und Konzepten, sondern auf dem seelischen Kontakt, der durch die Teilnahme und den Austausch direkter Erfahrungen zustande kommt. Sie sollten in Ihrem Büro eine Möglichkeit einrichten, Ihren fünf oder sechs Sinnen die Referenz zu erweisen, z. B. Berührungsexperimente stimulieren zu können.

*Leben heißt fundamentale Fragen stellen*

Nehmen wir an, daß der Sohn des Generaldirektors einer Firma plötzlich ankündigt, daß er sich entschieden hat, ein Mädchen zu heiraten, das weder psychologisch und sozial zu ihm paßt und auch wirklich ein niedriges ethisches und intellektuelles Niveau hat. Die Wahrscheinlichkeit ist sehr groß, daß der Vater fragen würde, wieso der Sohn hoffen würde, wirkliche Kameradschaft und Liebe in einer solchen unausgeglichenen Liaison zu finden. Wie will er erwarten, seine Freunde zu behalten? Ist ihm klar, daß er einen Schatten über die letzten Jahre seiner Mutter wirft?

Diese Fragen wären trotzdem immer noch sehr weit weg vom Kern des Problems. Sie würden sich auf nebensächliche Gebiete beziehen und nicht auf das Essenzielle des Problems. Die grundlegende Frage in diesem Fall müßte ungefähr so lauten: „Warum habe ich als Vorbild für meinen Sohn diesen Mißerfolg gehabt? Wo liegen die Wurzeln, die Gründe seiner Revolte gegen die Werte, die er verwirft und die ihm das Leben vergällen werden, wenn sie ihm fehlen?"

Mit andern Worten: In dieser, wie in anderen wichtigen Situationen muß man das Leben in der Perspektive von grundlegenden Konzepten sehen und die großen Fragen stellen.

Wir sind zu oft bereit, den Weg des geringsten Widerstands zu gehen und unsere Probleme leichtfertig abzutun. Das ist in Geschäftssituationen so wahr wie im sonstigen Leben. Gerade vor einiger Zeit hat mir der Verkaufsdirektor einer großen Firma gesagt: „Ich weiß leider, warum meine Kunden unsere Marke kaufen. Es ist in Wirklichkeit bloß alles Gewohnheit." Wenn ich ihn also fragte, wie es kam, daß sich diese Gewohnheit gerade bei dieser Marke entwickelt hat, und nicht bei einer anderen, wußte er keine Antwort.

Vor einigen Jahren in einer Studie über den Autokauf wurden wir mit dem Resultat konfrontiert, daß 20% aller Käufer immer wieder dieselbe Marke kaufen. Grundsätzliche Angaben zeigten auf, daß die Leute zufrieden waren mit dem Wagen, den sie vorher benutzten. Auf den ersten Blick ist diese Antwort ganz eindeutig. Wenn man aber etwas weiter bohrt, wird man entdecken, daß die Tatsache, daß so viele Menschen wieder denselben Wagentyp kaufen, nicht notwendigerweise eine Zufriedenheit mit der Funktion des Wagens beinhaltet. Oft fanden wir heraus, daß der Käufer auf dieselbe Automarke zurückkam, entweder weil er Angst hatte vor der unbekannten, noch nicht ausprobierten Marke, oder weil er emotionell sehr stark an seinen alten Wagen gebunden war. Da aber spielte die Frage, ob er vom technischen Standpunkt aus mit dem Wagen zufrieden war, keine ausschlaggebende Rolle.

Es gibt wenige wirklich zufriedenstellende Dinge im Leben, es sei denn, man ist bereit, sich für den wirklichen Kern eines Problems zu interessieren und große fundamentale Fragen zu stellen. Erlebnisse und Phänomene im Leben sollten nie in eine routinemäßige Wahrheit ausarten. Wenn Sie stets die Zusammenhänge und den gemeinsamen Nenner suchen, dann werden Sie finden, daß alles irgendwie verbunden ist. Die wirkliche Größe, selbst der kleinsten Dinge, erscheint Ihnen im Zusammenhang mit dem transzendenten, illuminierten, originalen, ursprünglichen Kern im Menschen oder der Natur.

*Leben ist Sympathie, Empathie, Einfühlung*

Aus Romanen oder aus persönlichen Begegnungen kennen die meisten von uns Frauen, die sich darüber beschwerten, daß ihre Männer sie als gegeben und selbstverständlich angesehen haben.

Worin liegt die wirkliche Bedeutung einer solchen Feststellung? Für den Mann, aber auch den Manager heißt das, daß er seine Sensitivität, sein Fingerspitzengefühl gegenüber den Stimmungen, den emotionellen Schwankungen und verschiedenen Unsicherheiten in der Seele der Frau verloren hat.

Versteckte Indifferenz dieser Art ist nicht unbedingt bloß auf das Verhalten im täglichen Leben beschränkt. Es kann sich

*„Wo liegen die Ölländer?"*

in dem Verhältnis einer Person zu seinen Mitarbeitern, aber auch zu seinen Freunden entwickeln. Auf welchem Niveau Sie sich auch immer zurückziehen oder diese Entfremdung vor sich geht, das deutlichste Resultat ist eine Verarmung des eigenen Lebens. Die Einbildungskraft und die Sensitivität eines Menschen entwickelt sich am vollsten durch die menschlichen Verbindungen und Kontakte. Der Schlüssel zu diesen gleichbleibenden, vitalen Stimulationen ist die Sympathie.

Sympathie ist eine spontane Antwort auf ein anderes menschliches Wesen. Es ist die Fähigkeit, zu verstehen und Erfahrungen auszutauschen. Wenn wir zu sehr in unseren eigenen Problemen verstrickt bleiben, dann erlauben wir uns, daß unsere Aufgaben und Schwierigkeiten zu sehr Besitz von uns ergreifen Wir verlieren die Fähigkeit, Sympathien zu entwickeln. Strenge Einstellung auf das Ziel ist zwar eine Methode, um eine Aufgabe zu lösen, aber die Aufgabe selbst kann dadurch oft bedeutungslos werden. Im Verlauf der Ereignisse hat man die reichste Quelle der Inspiration und Satisfaktion aufgegeben, nämlich mit anderen Menschen zu fühlen.

Sympathie hat verschiedene Niveaus: Sie kann von einem Gefühl der Zärtlichkeit bis zu einem Gefühl der Bewunderung gehen, sie umschließt eine große Zahl von inspirierenden menschlichen Beziehungen. Was all diese Beziehungen und Gefühle gemeinsam haben, ist das Phänomen der Auslösung, des Gebens. Man drückt seine Affekte aus und dirigiert sie in die Richtung der anderen Person. Die Fähigkeit, dies zu tun, ist nicht bloß eine Quelle der persönlichen Bereicherung. Es ist auch von großer Bedeutung im Geschäftsleben. Wie der Soziologe *Herbert Meyer* festgestellt hat, billigen gute Führer und Manager anderen als Individuum Motive, Gefühle und Ziele eigener Art zu, während der verarmte, der unfähige Führer eher dazu neigt, andere im Zusammenhang mit seinen eigenen Motiven und Zielen zu sehen.

## *Leben hat Sinn*

Die letzte These, quasi die Schlußfolgerung aus den fünf vorangegangenen Ideen ist die, daß Leben sinnvoll ist. Wenn man Wechsel akzeptiert, wächst und reif wird, dann ist man direkten, unmittelbaren Erlebnissen zugänglich. Wenn man großzügig mit Sympathie umgeht, dann hat man sein Leben im weitesten Sinn mit Bedeutung angefüllt. Unter diesen Voraussetzungen zu leben, heißt in Wirklichkeit, daß Sie nicht nur Ihr Verständnis, Ihre Sinne erweckt haben und freier mit Ihren Mitarbeitern kommunizieren, sondern auch erreichen, daß Sie die mathematische Gleichung der Zukunft in Form Ihrer inneren Entwicklung ausarbeiten.

Haben Sie dieses Stadium erreicht, dann beginnen Sie zu wissen, daß Ihr Schicksal nicht notwendigerweise nur von Zufällen bestimmt wird und daß Sie nicht nur eine Schachfigur in den Händen des Schicksals zu sein brauchen; denn Sie können selbst bestimmen, wohin Sie gehen. Vor noch nicht allzulanger Zeit hat die Religion allein genügt, den Platz des Menschen in der Ordnung der Dinge festzulegen und ihm die Richtung zu zeigen, wie er seine Rolle zu bestimmen hat, wie er seine Pflichten in der Welt determinieren soll. Aber wie alles andere auch wechseln die Werte der Religionen ebenso wie ihre Funktionen und die Rolle, die sie in der Führung des Menschen spielen. Heutzutage akzeptieren die meisten religiösen Denker, daß zusammen mit den Beziehungen in den verschiedenen Glaubensfragen zu den transzendenten metaphysischen Rätseln auch gesunde psychologische Bewertungen kommen betreffs des Warum, Wieso, Wozu, seiner Ambition und seiner Zweifel. Der moderne Mensch muß lernen, seine Lebensziele dem Dynamismus der sich ändernden Zustände und Werte anzupassen. Firmen haben ihre Slogans, wie wir früher erwähnt haben. Entwickeln Sie einen für sich selbst und hängen Sie ihn an die Wand Ihres Büros oder Ihrer Fabrik. Die wichtigste Botschaft, die ein Psychologe geben kann, ist, daß das Leben eine tiefere, reichere Bedeutung hat, sogar innerhalb unserer menschlichen Begrenzungen, sogar innerhalb der langweiligen Routine der Fabrik, des Büros, des Konferenzzimmers und des anscheinend unendlichen Stresses der dauernd wachsenden Konkurrenz.

Diese Bedeutung ist in jedem Individuum verborgen. Um zu erreichen, daß sie unsere Gedanken und unsere Taten mit Ihrer fruchtbaren Strahlung durchdringt, muß man sich intensiv darum bemühen, sie ans Licht zu bringen. Wenn man davon überzeugt ist, daß es einen tieferen Sinn hinter unseren Bemühungen, Sorgen, Experimenten gibt, und daß wir fähig sind, Angst, Depressionen, Leere und Frustration durch unsere eigene Stärke zu überwinden, dann ist das die entscheidende Enthüllung in unserem Leben. Denn es ist gerade diese Gewißheit, die einen Mann zum wirklichen Manager seines eigenen Lebens macht.

Leser:
*Sie geben uns damit eine der schwersten Aufgaben in Ihrem ganzen Buch.*

Autor:
*Ja und nein. Es ist eben so, daß wir uns mehr Gedanken machen als früher über den Zweck und den Sinn unseres ganzen Lebens und speziell auch unserer Arbeit. Die Entwicklung in unserem ganzen Wertsystem um uns herum und in der modernen Gesellschaft kann eben nicht vom Betriebsleben ferngehalten werden. Die Philosophie eines Betriebes, das sog. Motto, ist ja nichts besonders neues. Eine ganze Reihe von Firmen haben oft nicht nur solche Verpflichtungen und Zielsetzungen auf ihrem Firmenschild, sondern führen sie bis ins kleinste Detail durch. Es gibt Firmen, die für ihre puritanische Einstellung bekannt sind. Bei anderen ging es schon immer freier und lustiger zu.*

*Sehr oft hat das natürlich etwas mit der Persönlichkeit des Gründers zu tun. Je mehr aber die Firmen, die auf individuellen Charakterzügen eines Unternehmers basieren, sich in Betriebe verwandeln, die zu groß für die Vertretung eines persönlichen Prinzips geworden sind, desto dringlicher ist es notwendig, diese Philosophie wieder klarzumachen und in konkrete Details zu übersetzen.*

Leser:
*Wie kann man herausfinden, ob eine Firma überhaupt eine solche Einstellung oder ein solches Motto hat?*

Autor:
*Indem man vielleicht eine Befragung durchführt, um herauszufinden, wie weit die Angestellten wirklich vom Wert des Produktes oder der Dienstleistung ihres Betriebes überzeugt sind. Sollte sich herausstellen, daß die Mehrzahl der Arbeiter und Angestellten das Gefühl haben, daß sie irgendwie an einem großen Schwindel beteiligt sind oder daß die Behauptungen*

174

über die erzeugten Produkte übertrieben sind, dann ist die Loyalität, mit der man rechnen kann, entsprechend gering. Es wird dann besonders wichtig, das Bild von dem Betrieb und seinen Produkten zu korrigieren oder vielleicht tatsächlich die Erzeugnisse selbst zu verbessern.

Zu einer Zeit, wo mehr und mehr Regierungskontrolle und Konsumentenkritik ausgeübt wird, ist es besonders wichtig, daß „die erste Front", d. h. die eigenen Angestellten echte Mitarbeiter sind und nicht heimlich mit den Kritikern übereinstimmen.

Leser:
Was meinen Sie mit der Idee, daß Leben Wachstum bedeutet?

Autor:
Ich spreche vom seelischen und geistigen Wachstum. Wir sind in der modernen Psychologie mehr und mehr davon überzeugt, daß wir zwar einen gewissen Intelligenzquotienten haben, daß dieser aber eher in Form eines breiten Bandes von Möglichkeiten, die einem offenstehen, zu sehen ist. Sie können am untersten Niveau Ihrer potentiellen Möglichkeiten stehenbleiben oder die obere Grenze erreichen. Wachstum heißt also, sich zu bemühen, ganz nach oben innerhalb seiner Möglichkeiten zu kommen.

Leser:
Wie soll ich das aber für mich selbst und meine Mitarbeiter erreichen?

Autor:
Indem Sie dieses Prinzip der Beweglichkeit und Flexibilität einführen und sich selbst und den andern klarmachen, daß niemand in seiner Entwicklung durch unbewegliche Gegebenheiten beschränkt ist. Selbst das Alter spielt eine viel kleinere Rolle, als wir bis jetzt angenommen haben. Auch ältere Mitarbeiter können sich weiter entwickeln. Sehr oft ist ein solcher Ansporn die Kur gegen das Altwerden selbst.

## Allgemeines Rezept:

1. Mein ganz allgemeiner Rat lautet, optimistisch zu sein und in die Zukunft zu blicken. Leider gibt es zu viele Bücher, die mit Pessimismus Geschäfte machen. Pessimismus ist im psychologischen Sinn eine Art von Davonlaufen und auch von Bequemlichkeit. Es ist viel leichter aufzugeben, als an sich und an anderen weiterzuarbeiten. Der Traum des „Dolce far Niente" ist, wie die meisten Studien mit Rentnern zeigen, ein sehr gefährlicher. Nichts zu tun, führt meistens sehr rasch zu dem Gefühl, zu nichts mehr gut zu sein, und auch dazu, einfach auf das Sterben zu warten.

2. Rechnen Sie nicht damit, daß Sie an irgendeinem Punkt Ihres Lebens wirklich ein endgültiges Ziel erreicht haben werden. Auch wenn Sie es glauben, sollten Sie sich sofort wieder neue Ziele stecken. Das trifft natürlich auch für Ihre Rolle als Manager zu. Sie müssen sehr darauf achten, ob Ihre Kollegen, für die Sie verantwortlich sind, das Gefühl haben, Sie sind in einer – wenn auch netten und bequemen – Sackgasse gelandet. Sie brauchen dann eine Art psychologische Peitsche oder Lockrute, um Sie vom toten Punkt, der beruflich und menschlich tatsächlich so etwas wie Tod bedeutet, wieder zurück ins Leben zu rufen. Ich nenne das wirkliche Ziel des Lebens: „Schöpferische Unzufriedenheit".

3. Jede Abteilung in Ihrem Betrieb sollte so aufgebaut sein, daß sie tatsächlich immer wieder neue Möglichkeiten bietet. Dies etwa vergleichbar mit einem Atommodell, wo ein Kern von elektronischen Teilchen dauernd in elliptischer Bewegung wie bei einem Sternensystem umschwärmt wird, als dynamisch-philosophisches Managementprinzip angesehen werden.

4. Sie sollten immer danach fragen, ob Sie selbst oder Ihre Mitarbeiter das Gefühl haben, Sie tun etwas bloß, weil sie damit gut verdienen oder weil Sie wirklich etwas Wertvolles für sich selbst und auch für die Allgemeinheit leisten.

176

Hier ein kleines Beispiel aus der Praxis: Für einen Fitness-Salon, zu dem Frauen zur Gymnastik kommen, sollte ich vorschlagen, wie den Leiterinnen besser motiviert werden könnte, die Geräte in Ordnung zu halten und die Kundinnen zufriedenzustellen. Die Antwort lag darin, die Leiterinnen davon zu überzeugen, daß sie in vielen Fällen den Damen nicht nur Vergnügen und Zeitvertreib verschaffen durch richtige Übungen und Auflockerung des Körpers, sondern daß durch die Abmagerung und die Fitness sehr oft auch die Gesundheit und u. U. sogar die Ehe gerettet würde. Die Leiterinnen waren also nicht bloß Instrukteure und indirekt Verkäuferinnen, sondern fast Eheberater, Psychologen und Mediziner.

## IX. Der nonkonformistische Manager

Es wurde bisher immer als selbstverständlich angenommen, daß ein Angestellter, also auch ein Manager, sich an die Regeln, Anordnungen und die Interessen der Organisation hält und daß er seinen Arbeitsplatz und die Interessen seiner Firma als vorrangig ansieht. Neueste Untersuchungen haben jedoch gezeigt, daß dies nicht mehr so unbedingt der Fall ist, besonders im Hinblick auf die jüngeren Manager. Im Vergleich mit seinem Vorgänger von vor 10 Jahren ist der heutige Manager viel mehr daran interessiert, befriedigende und interessante Arbeit zu haben, und weniger daran, langsam, systematisch, im Sinne der Großorganisation trainiert zu werden. Heute ist er viel mehr beeinflußt von dem Inhalt seines Jobs. Der Manager ist viel weniger konformistisch, als er früher war. Er denkt zunächst an sich selbst und seine Familie. Er läßt sich nicht mehr so leicht transferieren, bloß weil es im Interesse seiner Firma steht. Besonders junge Leute, so wurde kürzlich berichtet, revoltieren gegen „tiefgekühlte" Managementprinzipien.

Studenten in einer Managementschule wurden gefragt, was für sie das Wichtigste am Arbeitsplatz sei. 67 % davon hielten interessante und abwechslungsreiche Arbeit dafür. Die drei größten Beschwerden, die die arbeitenden Menschen haben, sind, daß die Arbeit langweilig und monoton sei, daß wenig Gelegenheit bestünde, einen Wechsel herbeizuführen und daß es zu wenig Chancen gäbe, die Initiative zu ergreifen. Das Gehalt wurde bloß an der 16. Stelle der Motivation für die Wahl eines bestimmten Arbeitsplatzes aufgeführt. Der Gewinn ist also längst nicht mehr das Wichtigste.

Der moderne nonkonformistische Manager ist auch viel mehr als früher darauf bedacht, sich um seine Idiosynkrasie und die seiner Mitarbeiter gegenüber Problemen zu kümmern. Firmen auf der anderen Seite beginnen langsam eine tolerantere Haltung einzunehmen. Sein eigener Chef und vollkommen unabhängig von irgendwelchen Befehlen, die von außen kommen, zu sein, ist eine der beliebtesten Träume der amerikanischen Erfolgskarrieren. Ich kann tun, was mir Spaß macht, und ich kann gleichzeitig Geld verdienen.

Etwas ist aber auch mit diesem Traum geschehen: Sein eigener Boß sein zu wollen, resultiert sehr oft daraus, daß man, anstatt seine Freiheit zu kaufen, Sklaverei erwirbt. Einen guten Teil seiner Zeit ist man damit beschäftigt, den Vater gegenüber den Angestellten zu spielen, die sich mehr und mehr wie ungezogene Kinder benehmen. Manchesmal muß der Chef beide Rollen spielen: den Chef und den eigenen Angestellten.

Es gibt vor allem in den USA eine ziemlich große Anzahl von Geschäften, die jedes Jahr bankrott gehen, weil jemand sich entschieden hat, sein eigener Boß zu sein, entweder dadurch, daß er einen Franchising-Vertrag abgeschlossen oder daß er eine eigene Firma gegründet hat, ohne sich vorher darum intensiv zu kümmern, ob er wirklich fähig ist, die Rolle des Chefs zu spielen. Die amerikanische Regierung unterstützt die Gründung von Unternehmen, die von Minoritäten (Negern) geleitet werden, durch billige Kredite, läßt aber die notwendigen Untersuchungsprogramme außer acht.

Je nonkonformistischer und individueller ein Manager in seinem Betrieb ist, desto eher ist er wahrscheinlich befähigt dazu, selbständig zu sein. Interessanterweise werden diese Fähigkeiten auch innerhalb der Organisationen mehr und mehr anerkannt, anstelle der früheren Überzeugung, daß derjenige, der sich in eine Firma richtig einordnet, in deren Arbeitsschema am besten funktioniert.

Was wir in diesem Kapitel versuchen werden, ist, einige kritische Punkte in dem Verhältnis zwischen dem Boß, seiner Firma und seinen Mitangestellten herauszukristallisieren, und Ihnen, dem Leser, einige Tips zu geben, die Sie verwenden können, wenn Sie der Drang nach Selbständigkeit irgendwann überkommt.

Humanisierung der Arbeit bedeutet zu einem großen Teil, die Erkenntnis zu verwirklichen, als Angestellter sein eigener Boß zu sein. Ein anderes revolutionäres Konzept vertritt die Auffassung, daß man, um die Funktion des Chefs wirksamer zu gestalten, dem Management und den Mitarbeitern beibringen muß, wie sie selber Chefs werden können. „Lerne zu überleben! Die Gelehrten, die alles wissen, gibt es bald nicht mehr", sagt z. B. der bekannte Philosoph *Eric Hoffer*.

Eine der Formeln, die versucht worden sind, um die Produktivität zu steigern, besteht darin, Mitarbeitern beizubringen, wie sie selber Entscheidungen treffen, mehr Verantwortung übernehmen können und, was am wichtigsten ist, wie sie sich nicht bei ihrer Arbeit langweilen. Die Automobilhersteller Volvo haben sogar jetzt begonnen, in ihrer Werbung festzustellen, daß gelangweilte Arbeiter schlechtere Autos bauen.

Was wir heute zunehmend feststellen, ist, daß Aufsicht und die normale Hierarchie in der postindustriellen Gesellschaft durch die Idee ersetzt wird, daß jeder Angestellte unabhängiger sein oder wenigstens mit einem Team zusammenarbeiten sollte.

Das Bell-Telefon-System in Virginia ging sogar so weit, daß sie jeweils einen Mann über einen ganzen Stadtdistrikt gesetzt haben und ihn damit beauftragten, alle Telefoninstallationen dort durchzuführen. Das war dann sein eigenes Territorium, sein Geschäft sozusagen, obzwar er lohnabhängig war. Seine Genugtuung und Zufriedenheit hat sich dadurch ganz gewaltig gesteigert.

Einige Firmen behaupten sogar, daß ein solches Self-Management oft einen bis zu 30prozentigen Zuwachs an Produktivität

mit sich bringt. Eine ganze Reihe von Büchern, die sich mit
richtiger Delegation von Arbeit an Untergebene beschäftigen,
müßten durch Anregungen ergänzt bzw. ersetzt werden, wie
man aus jedem Angestellten einen Boß machen könnte.
Eine Reihe von anderen Arbeiten, die bisher auf Hierarchie und
verschiedenen Niveaus basierten, würden dadurch wegfallen
und könnten möglicherweise in der Zukunft vollkommen verschwinden. Der Personalchef, der Kontrolleur, sogar der
Manager und der Aufseher selbst werden vielleicht in der
nahen Zukunft von einem Team-Führer ersetzt.

Eine Möglichkeit, herauszufinden, ob man ein guter Chef ist
und ob man die Mitarbeiter zu dieser neuen Einstellung be-
kehren kann, ist, eine Art von Chef-Benimm-Tagebuch einzurichten. Sie können z. B. ein Stimmungsbarometer entwickeln.
Wenn Sie und Ihre Mitarbeiter in einer guten Stimmung sind,
dann markieren Sie den höchsten Punkt an einer Skala, der
z. B. + 5 sein könnte. Wenn Sie und Ihre Mitarbeiter indifferent
sind, dann kommen Sie näher und näher an die 0 heran. Wenn
Sie in einer schlechten Stimmung sind, dann würde Ihre Note
ganz hinunter sinken, und wenn Sie wirklich sich ganz miserabel
fühlen, dann würden Sie –5 erreichen. Man kann natürlich auch
jeden Tag noch unterteilen, wenn es notwendig sein sollte.
Wenn man dann die verschiedenen Punkte an der Skala miteinander verbindet, dann hat man eine Art von Stimmungs-
kurve für die ganze Woche. Wenn Ihre Stimmung differiert,
also von Tag zu Tag schwankt, und sehr große Unterschiede
zwischen sagen wir + 4 und – 4 bestehen, sollten Sie ernsthaft
darüber nachdenken, ob Sie die unvermeidlichen Ups und
Downs des modernen Geschäftslebens verdauen können. Sie
könnten dieses Stimmungsbarometer natürlich auch von Ihren
Mitarbeitern aufstellen lassen und sie anonym über Sie urteilen
lassen. Auch diese Möglichkeit wäre geeignet, Ihre Qualitäten
oder Fehler als Führungspersönlichkeit zu testen.

Schaffen Sie sich in jedem Falle die Möglichkeit, sogar für
einige Stunden zu Hause zu bleiben und abzuwarten, bis Ihre
schlechte Stimmung verschwunden ist. Ganz bestimmt wird es

gut und nützlich sein, herauszufinden, in welcher Stimmung Sie sind, bevor Sie eine wichtige Entscheidung treffen. Eine kürzlich abgeschlossene Studie hat gezeigt, daß weniger als 10% aller englischen Organisationen z. B. wirklich versucht haben, eine genaue Entscheidungsanalyse durchzuführen. Dies wurde von der Durham-Universität entdeckt.

Sie können auch einen anderen Test ausprobieren: Wie weit planen Sie im voraus? Wiederum würde ein Kalender ganz gut sein. Sie könnten einige Ihrer Ziele in bezug auf Größe und Art Ihrer Geschäftsführung untersuchen und die Ziele für den Gewinn und andere relevante Faktoren in diesen Kalender eintragen. Ein solcher Planungskalender wird in jedem Falle sehr hilfreich sein. Wenn Sie noch nie probiert haben, diese Ziele zu definieren, dann haben Sie sich nicht richtig trainiert, ein guter Boß zu sein. Sie können diese Pläne aufheben und dann in regelmäßigen Intervallen nachschauen, in welchem Grad Sie Ihre Ziele nach einem Jahr oder nach zwei Jahren wirklich erreicht haben, oder inwieweit Sie davon abgewichen sind. Dann können Sie sich auch retroaktiv auf diese grafischen Repräsentationen beziehen, um die Antwort, warum und wo Sie fehlgegangen sind, rascher zu finden.

Sie müssen Ihr eigenes Urteil dazu verwenden, um die folgenden Fragen zu beantworten:

1. Ich habe mich ziemlich genau an all die Ziele gehalten, die ich für mich selbst gesetzt habe, und habe die meisten erreicht.
2. Ich habe sehr intensiv versucht, diese Ziele zu erreichen, ich habe aber bloß 75% davon erzielt.
3. Ich habe 50% meiner Ziele erreicht, und ich habe viele ändern müssen, als ich meine Pläne fortsetzte.

Wenn Sie unterhalb der 50%-Markierung gesunken sind, dann war irgendetwas an Ihren Zielen nicht ganz in Ordnung. Die Ziele waren entweder zu hoch oder zu niedrig gesteckt, oder sie waren nicht klar genug formuliert. Die allgemeinen Erfahrun-

*183*

gen bestätigen, daß ein solcher Aspirationstest wichtig ist, um zu sehen, ob Sie z. B. ein Franchise-Geschäft managen oder in einem Team ohne Aufsicht arbeiten können. Dazu ist herauszufinden, inwieweit Sie sich richtig gegenüber Ihren Mitarbeitern verhalten.

Nehmen wir an, daß einer Ihrer Mitarbeiter eine neue Möglichkeit entdeckt hat, Arbeit und Zeit zu sparen, die auch profitabler ist als irgendeine Idee, die Sie selbst hatten. Was würden Sie tun? Hier sind eine Reihe von Möglichkeiten:

a) Ich bin etwas verärgert, aber ich werde ihm trotzdem gratulieren und ihm Ermutigung zusprechen.

b) Ich werde versuchen, Fehler an seiner Idee zu entdecken.

c) Ich bin glücklich, daß ich einen so guten Mitarbeiter habe, jemanden, der wirklich rasch lernt und wertvolle Hilfe leisten wird.

a) ist eine ziemlich normale Reaktion, c) ist eine sehr wünschenswerte Reaktion. Die meisten von uns sind aber eher dazu geneigt, ein bißchen eifersüchtig zu sein. Aber wenn Sie dieses Gefühl überwinden können und Ihren Mitarbeiter doch ermutigen, dann werden Sie am Schluß einen besseren Mitarbeiterstab haben. Mit anderen Worten: Sie werden sich selbst bewiesen haben, daß Sie ein guter Boß sind.

Wenn Sie jemand fragt, was die neuen Entwicklungen in Ihrer Industrie in den nächsten 10 Jahren sein werden, wie viele davon könnten Sie erwähnen?

*Auswertung:*

Wenn Sie nur ein bis drei solcher Entwicklungen aufgezählt haben, dann zeigen Sie nicht sehr viel Voraussicht und Interesse für zukünftige Entwicklungen.

Wenn Sie drei bis sechs erwähnt haben, fallen Sie in den normalen Rang derjenigen, die kreative Voraussicht haben.

Wenn Sie sechs bis acht erwähnt haben, dann sind Sie ziemlich gut.

Wenn Sie mehr als acht oder bis zu zehn und mehr erwähnen, dann haben Sie ausgezeichnete Qualifikation als Boß und Unternehmer, da Sie gezeigt haben, daß Sie dauernd an neuen Entwicklungen interessiert sind und an dem, was man jetzt mit Futurologie bezeichnet. Eine solche Haltung ist, wie die meisten Studien beweisen, außerordentlich wichtig, wenn man selbständig denken und arbeiten will oder so etwas in Betracht zieht.

Viele Firmen stellen jetzt Fragen: Wie wird die Zukunft des Autos, der pharmazeutischen oder der Werbeindustrie aussehen.

Außerdem ist eine solche Haltung sehr eng verbunden mit einer nonkonformistischen, individualistischen Denkweise. Firmen müssen sich mehr und mehr mit dieser Art von Zukunftsdenken beschäftigen. Im Sinne unseres ganzen Buches heißt das, daß der nackte Manager, der wirkliche moderne Manager, fähig sein muß, auch gegen die oft festverankerten Grundsätze seiner eigenen Organisation zu arbeiten, sich davon freizumachen und genauso seine eigenen Wege zu gehen, wie es der Unternehmer tun muß.

Nehmen wir an, daß jemand Ihnen eine neue Idee mitgeteilt hat, oder Sie darüber lesen. Was ist Ihre normale Reaktion? Auch hier müssen Sie eine ehrliche Antwort geben, sonst halten Sie sich selbst bloß zum Narren.

a) Die Idee ist nicht direkt verwendbar, aber ich werde sie bestimmt anzuwenden versuchen.

b) Es gibt so viele neue Ideen, die meisten davon funktionieren aber nicht. Ich werde versuchen, mich über mehr Tatsachen zu informieren.

c) Ich bin zu sehr damit beschäftigt, meine Firma vorwärts zu bringen. Alles funktioniert tadellos. Ich kann mir nicht erlauben, meine Zeit zu verschwenden.

## Auswertung:

Die beste Antwort wäre a), die nächstbeste Antwort b). Wenn Sie eine von diesen beiden als Antwort gegeben haben, zeigt das, daß Sie eine gute progressive Haltung haben, eine wichtige Qualifikation für einen guten Chef und einen Nonkonformisten. Wenn Sie c) geantwortet haben, dann sollten Sie darüber nachdenken, wie Sie Ihre Angst vor Wechsel und Modernisierung verlieren könnten. Sie sollten eine modernere Haltung in bezug auf Ihre Geschäftsprobleme akzeptieren.

Versuchen Sie einen anderen Test. Schreiben Sie auf einen Kalender, wie oft Sie innerhalb einer Periode von ein oder zwei Wochen Ihre Mitarbeiter gelobt haben, wie oft Sie sie beschimpft haben und wie oft Sie indifferent in bezug auf Ihre Aufgaben waren. Wenn die Komplimente dem Schimpfen überwiegen oder die Indifferenz bei ca. 25% liegt, dann zeigen Sie als Chef eine sehr gute Haltung Ihren Angestellten gegenüber. Wenn mehr als 80% Ihrer Bemerkungen eine Indifferenz zeigen, dann ist irgend etwas nicht in Ordnung im Zusammenhang mit Ihrem Mitarbeiterstab, und Sie sollten Ihre eigene Reaktion analysieren und versuchen, sich häufiger in die Position Ihrer Mitarbeiter zu versetzen. Sie sollten sich bemühen, zu verstehen, wie man sich fühlt, wenn man seine Arbeiten ausführt und dabei nie von seinem Chef bemerkt wird. Indifferent behandelt zu werden, ist eigentlich noch schlimmer als die andere Möglichkeit, wo Sie in mehr als 25% der Fälle Ihr Personal ausgeschimpft haben, anstatt es zu loben.

Und hier gleich noch ein anderer Test: Wie oft in den letzten vier Wochen haben Sie einen Ihrer Mitarbeiter gebeten, Ihnen dabei zu helfen, eine Entscheidung zu treffen oder ein Problem zu lösen? Wenn Sie Ihren Mitarbeiterstab in ein bis drei Fällen innerhalb der letzten vier Wochen um Hilfe bei einigen Problemen ersucht haben, die normalerweise in Ihre eigene Domäne fallen, dann ist das oft nicht ausreichend. Auf der andern Seite, wenn Sie sieben- bis zehnmal um Mithilfe ersucht haben, dann treten Sie wahrscheinlich nicht entschieden genug auf. Beide Haltungen würden eine schwache Rolle als Chef signalisieren. Eine Ziffer von drei- bis sechsmal, mit anderen Worten, in 50–60% der Fälle, in denen Sie die Mitarbeit und Kooperation von seiten Ihres Stabes angefordert haben, wäre ein Zeichen für ein gutes, normales Verhältnis zwischen Ihnen selbst und Ihrem Stab.

Optimismus ist ein anderer Aspekt, der zu dem Image eines guten nonkonformistischen Chefs gehört. Versuchen Sie den folgenden Test: Sie sind eingeladen, bei einem Komitee mitzuarbeiten und die Probleme zu diskutieren, die Ihrer Industrie in den nächsten paar Jahren bevorstehen. Welche dieser drei möglichen Antworten würden Sie anstreichen?

a) Wir werden wahrscheinlich mehr und mehr Probleme haben, ökonomische und die ganze Industrie betreffend. Es ist nicht sehr viel, was man tun kann, außer vielleicht, sich in eine andere Sparte zu begeben.

b) Wir haben versucht, uns anzupassen und neue Wege zu finden, anstatt die Schwierigkeiten einfach passiv zu akzeptieren.

c) Mit dem Anwachsen der Bevölkerung werden z. B. die Reinigungsbedürfnisse der durchschnittlichen Familie sich vergrößern. Wir können deshalb zumindest mit einem 50prozentigen, wenn nicht sogar mit einem 100prozentigen Wachstum in unserer Industrie während der nächsten zehn Jahre rechnen. (Das Beispiel ist natürlich so gemeint, daß, wenn Sie z. B. in der Reinigungsindustrie beschäftigt sind, diese Frage für Sie in Betracht käme. Selbstverständlich können Sie diese Industrie durch einen anderen Industriezweig oder Geschäftsbereich, in dem Sie wirklich beschäftigt sind, ersetzen.)

Wenn Sie entweder a) oder c) geantwortet haben, dann sind Sie auf der einen Seite pessimistisch, andererseits überoptimistisch. Beides sind nicht sehr gute Haltungen, soweit sie den Manager oder den Leiter im Betrieb betreffen.

b) wäre die beste Antwort gewesen, da sie zeigt, daß Sie gleichzeitig eine realistische und doch optimistische Haltung haben, wenn Sie sich für die Zukunft interessieren.

Um es zusammenzufassen: Um Chef zu sein oder einer werden zu wollen, ist es nicht so wichtig, daß man sich von dem Gefühl der Abhängigkeit, das die meisten Angestellten haben, befreit. In Wirklichkeit werden Sie wahrscheinlich von noch viel mehr Faktoren abhängig werden, manchesmal sogar von dem „Goodwill" Ihrer Mitarbeiter, und Sie müssen dann zu einem sehr hohen Grad von Realismus gemischt mit Vorstellungsvermögen fähig sein und den Willen aufbringen, die Hilfe Ihrer Mitarbeiter in Anspruch zu nehmen. Sie selbst müssen natürlich die Bereitwilligkeit zeigen, deren Bemühungen zu akzeptieren.

Sie müssen fähig sein, sich in deren Lage zu versetzen und es vermeiden, Ihre Macht zu mißbrauchen. Viele dieser Fähigkeiten werden wichtiger und deutlicher in den nächsten Jahren werden, denn das alte Unternehmerverhältnis, das stillschweigend einen Klassenunterschied zwischen dem Chef und dem Angestellten angenommen hat, wird wahrscheinlich rascher und rascher verschwinden. Gleichzeitig auch, wie wir am Anfang angedeutet haben, wird der junge Manager viel mehr auf seine eigene Selbständigkeit auch innerhalb des Betriebes bedacht sein und sich mehr auf den Inhalt der Arbeit konzentrieren und weniger auf den Betrieb selbst. Wenn Sie an alle diese Aspekte denken, bevor Sie sich entscheiden, ein Chef zu werden, und sogar noch mehr, wenn Sie bereits Chef geworden sind, desto eher werden Sie eine ganze Menge von unnötigen Reibungen und Mißverständnissen zwischen Ihnen und Ihren

Mitarbeitern aus dem Weg räumen. Sie werden dann das Gefühl entdecken, daß trotz aller Schwierigkeiten, selbständig und nicht vollkommen abhängig von der Sicherheit eines Großbetriebes zu sein, innere Entwicklung und Wachstum ein wünschenswerter Zustand und nicht notwendigerweise eine Quelle von Kopfschmerzen und Alpträumen ist. „Franchising", eine Filiale zu übernehmen, ist eine moderne Art, den Chef zu spielen, gleichzeitig jedoch von einer großen Organisation Hilfe zu erhalten. In einem ähnlichen Arbeitsverhältnis wird wahrscheinlich der zukünftige Manager stehen. Anstatt daß er vollkommen von der Firma, für die er arbeitet, verschlungen wird, wird er innerhalb des Schutzschirms der Firma immer mehr lernen müssen, sich wie ein selbständiger Chef zu benehmen. Erfolg oder Mißerfolg als moderner Manager wird also davon abhängig, inwieweit Sie diese Chefrolle wirklich spielen können.

Psychologen unterscheiden zwischen internen und externen Motivationen. Experimente haben gezeigt, daß, wenn Sie wirklich an dem, was Sie tun interessiert sind, Sie sich mehr Ihrer Aufgabe widmen und daß Sie Ihre Aufgabe voll durchführen werden. In einem Experiment wurden Studenten dazu angeleitet, ein Puzzle in einem beliebigen Zeitraum zu lösen, und ihre Ergebnisse wurden mit einer anderen, ähnlichen Gruppe verglichen, die eine Geldbelohnung offeriert bekommen hatte.

Es war interessant zu beobachten, daß die Geldbelohnung das Resultat der Gruppe eher beeinträchtigt als verbessert hatte. Interne Belohnung verleiht also ein Gefühl der Kompetenz und der Unabhängigkeit, während Geld oft Abhängigkeiten betont.

In einer Firma in Boston wurde der Schreibtisch des Chefs so getarnt und zwischen den Angestellten aufgestellt, daß man seinen Status nicht erkennen konnte. Das hatte wiederum einen positiven Erfolg. Auch in einigen deutschen Firmen wurden ähnliche Lösungen beim Bau von neuen Großraumbüros verwirklicht. Vielleicht sind die Tage, wo der Manager spezielle Privilegien hatte, wie z. B. den Schlüssel zum Waschraum oder einen übergroßen Schreibtisch oder einen Privatchauffeur, bereits gezählt.

Sein eigener Chef zu sein, bedeutet auch, daß man fähig ist, abzuschalten, wenn man will, obzwar das in Wirklichkeit sehr oft nicht der Fall ist. In Trainingskursen für Verwaltungspersonal wird mehr und mehr Akzent auf Selbstmotivierung gelegt und auf die Tatsache, daß die Teilnehmer Ihren internen Wechsel selber wahrnehmen. Sie werden zu Agenten des Fortschritts und des Wachstums und der Änderung, indem sie zuerst lernen, sich selbst zu verändern.

Die Schnelligkeit dieses Wechsels, dieses Fortschritts wird durch eine Art von Feedback vorwärts getrieben und durch das Lernen von internen und externen Adaptionen unterstützt. Der moderne Manager muß erkennen, was die Bedeutung einer Krise ist und wie man sie löst. Er muß Schwierigkeiten überwinden lernen und die Lösung in sich selber suchen. Dadurch wird er langsam mehr und mehr selbstmotiviert und unabhängig. Er lernt, wie er die menschlichen und anderen Hilfsmittel rings um sich herum richtig verwendet, ohne immer wieder danach zu suchen, daß ihm jemand hilft. Mit anderen Worten: Er wird wirklich ein Chef, nämlich ein Individuum, das die Fähigkeit hat, sich selbst zu managen, und das dadurch mit größerem Erfolg andere beeinflussen kann.

Diese Umkehrung ist wiederum eines der modernen zehn Prinzipien, die uns in diesem Buch dauernd geleitet haben. Je weniger konformistisch der Manager ist, je weniger er sich, ohne selbstverständlich wirklich Schaden zu stiften, in die Gesamtorganisation einpaßt, desto eher kann er wirklich seine Rolle spielen.

Leser:
*Wenn ich mich aber nicht in die allgemeine Ordnung einreihe und mit der ganzen Gruppe mitmache, werde ich damit nicht zu einem „Abtrünnigen" abgestempelt?*

Autor:
*Natürlich hängt viel davon ab, wie Sie es tun. Wenn Sie aber vorsichtig genug vorgehen, können Sie auch im Gegenteil eine richtige Führungsposition und Führungspsychologie erreichen, die Ihre Kollegen dazu bringen, zu sagen: „Donnerwetter, das ist eine gute Idee. Daran hätten wir schon längst denken sollen".*

*Natürlich soll Ihr individueller Standpunkt Sinn und Zweck haben. Sie sollten nicht bloß eigenwillig sein. Wenn Sie sich z. B. bequemer anziehen und diese Einstellung richtig verteidigen können, werden, wenn Sie nicht für eine außerordentlich konservative Firma arbeiten, die anderen Ihnen folgen und dasselbe tun wie Sie. Die Mitarbeiter werden dann auch auf die Idee kommen, daß sie sich freizügiger anziehen und auch bei der Arbeit benehmen können. Ich war kürzlich in einem Büro, wo der Direktor sechs Blumen- und Pflanzenkörbe an der Wand hängen hatte. Er erzählte mir, daß die meisten Besucher ihm darüber Komplimente machten und die Idee sich in anderen Abteilungen seiner Firma eingenistet hatte, so daß andere Leute ihre Büros auch mit Blumen dekorierten. Es ging so weit, daß Blumen auch in den Fabrikräumen hie und da auftauchten.*

Leser:
*Wenn ich aber eher dazu neige, nichts Ungewöhnliches zu tun, ist es unbedingt notwendig, daß ich mich dazu zwinge?*

Autor:
*Nein, natürlich nicht. Das würde dann genauso gekünstelt und falsch sein, als ob Sie sich zwangsmäßig der allgemeinen Situation anpaßten.*

*Was ich vorschlage ist, daß das moderne Prinzip, seine eigene Persönlichkeit mehr zum Ausdruck zu bringen, nicht nur zu Hause, sondern auch bei der Arbeit von Ihnen in Betracht gezogen werden soll. Sie müssen sich zunächst einmal überlegen, was Sie als Ihre Eigenart ansehen und was Ihnen besonders Spaß macht.*

*Die moderne Jugend ist in einer speziellen Weise wiederum konformistisch geworden, indem sie alle Bluejeans tragen und sich die Haare lang wachsen lassen. Wenn man sie aus der Nähe bei ihren Popkonzerten studiert, sind sie kaum voneinander zu unterscheiden.*

*Wirkliche Individualität besteht darin, tatsächlich eben das zu tun, was einem wirklich liegt, und nicht bloß zu versuchen, sich dem Gruppengeist, auch wenn er als modern und revolutionär gilt und etikettiert ist, anzupassen.*

Leser:
*Wie kann ich unter meinen Kollegen jemanden entdecken, der sich zu konformistisch verhält, aber darunter leidet?*

Autor:
*Sie können gelegentlich eine Art von Gruppentherapie-Sitzung zusammenberufen und die Mitarbeiter Ihrer Abteilung oder Fabrik danach fragen, was sie eigentlich anders haben wollen, was ihnen mißfällt, wo sie glauben, daß sie sich einem unnötigen Zwang fügen müssen. Durch solche Aussprachen können oft latente Wünsche sichtbar gemacht und den Menschen Ermutigung zugesprochen werden, wirklich ihren eigenen Wünschen innerhalb dieses modernen Betriebes Ausdruck zu geben.*

*Gerade deshalb, weil wir in einem Zeitalter der Vermassung leben, entwickelt sich langsam wiederum der Wunsch nach Individualität und der Verschiedenheit, also nach Nonkonformismus.*

„Der vielbeschworene jugendliche Individualismus
ist wirklich überzeugend . . ."


Nicht nur wird dadurch der Betrieb freudiger, farbiger und
lebhafter, sondern was natürlich das wichtigste von allem ist,
er paßt sich dem Zeitgeist an.

# X. Die Arbeit, Grundlage eines neuen Lebensstils

Bis jetzt werden noch Dreiviertel unseres Lebens im Büro, in der Fabrik, hinter Pulten oder in Geschäften verbracht. Das restliche Viertel soll zum Schlafen, zur Freizeit etc. ausreichen. Wir sitzen hinter einem Schreibtisch und füllen Formulare aus, schreiben Berichte, arbeiten an Statistiken. Ob das gesund ist? Ganz gewiß nicht, weder physisch noch psychologisch. Wir sprechen von Ökologie, von der Umweltverschmutzung. Produktivität ist eines der größten Probleme in unserer modernen industriellen Gesellschaft. Produktivität heißt aber nicht bloß, wie einer der ersten Management-Fachleute, *Taylor*, um 1900 herum festgestellt hat, seine Arbeit in kleine Stücke zu zerschneiden und sie dann zu routinisieren. Die Misere des Fließbandes, die dadurch entstanden ist, sollte man nicht außer acht lassen.

Statt dessen beginnen wir zu begreifen und immer stärker zu proklamieren, daß die Zufriedenheit mit dem Job und auch während der Arbeit glücklich zu sein, eine wichtige Rolle spielt. Langeweile ist einer der größten Feinde des Lebens. Langeweile bedeutet Tod. Viel zu viele Manager sind lebende Leichen, die hinter ihren hölzernen oder stählernen Barrikaden sitzen und sich somit in einer Art viereckigem Mausoleum befinden.

Der zukünftige Manager wird vielleicht eines Tages Lust haben, in einem Schaukelstuhl von der Decke herunterhängend zu schwingen oder auf dem Fußboden zu sitzen. Es wird ihm erlaubt sein, das Kind zu spielen und sich von geistiger und physischer Einengung zu befreien. Wir sollten ihm einen eigenen Raum bauen, in dem er die Freiheit hat, sich zu entfalten. Das wäre seine „geistige Sauna". Der Platz unter seinen Füßen dürfte nicht zu hart und unnachgiebig sein. Man könnte eine Art Trampolin dort einbauen, auf dem er dann herauf- und herunterspringen und somit seine Frustrationen abreagieren kann.

In einer Studie für die Ford-Foundation haben wir das Problem der Offenen Schulen untersucht. Die Kinder haben dort die Erlaubnis, im Falle des Überdrusses an einer Aufgabe oder einem Gegenstand in einen anderen Schulraum zu gehen und dort so lange zu bleiben, wie es ihnen paßt und sie daran Interesse haben, um dann später wieder woanders hinzugehen. Mit der Hilfe eines Bio-Feedback-Apparates kann man sogar messen, wann das kindliche Interesse abflaut, und es ist möglich, durch die Beobachtung der Produktion von Alpha-Wellen herauszufinden, ob die Schüler gelangweilt sind oder nicht. In einem kürzlich erschienenen Bestseller „I'm okay, you're okay" suggeriert *Thomas Harris* die Idee, daß wir alle zu verschiedenen Zeiten verschiedene Spiele spielen, manchmal die Rolle von Eltern, von Erwachsenen oder von Kindern. Schwierigkeiten entstehen dann, wenn wir falsche Rollen spielen, wenn wir z. B. als Manager darauf bestehen, uns wie Kinder zu benehmen, oder unsere Mitarbeiter als Kinder behandeln.

Es könnte spezielle Räume geben, wo man von Lärm und ungeheurer visueller Stimulation umgeben ist, eine Art von „Sensatorium" (Sinnes-Intensivierungsraum). Nach einer Stunde in diesem „Sensatorium" kann man dann vielleicht eine vollkommene Ruheperiode einschalten. Man könnte dies in einer im wahrsten Sinne des Wortes gepolsterten Zelle tun, wo alle Störungen vermieden werden. Untersuchungen haben gezeigt, daß schon eine relativ kurze Zeit genügt, um schöpferisch kreative Kräfte dort zu reaktivieren. Es könnte als eine Rückkehr in den Uterus interpretiert werden oder auch als eine Art von Entspannungszimmer, wo man sein Tempo eine halbe Stunde lang verlangsamen kann, nachdem man von einem schweren Arbeitstag zurückgekehrt ist. In japanischen Firmen experimentiert man mit „Aggressionsräumen" für Angestellte,

196

„Der Alte schwört darauf, daß er so die besten Ideen bekommt."

in denen die während der täglichen Arbeit entstehenden Aggressionen an Punching-Bällen, die menschliche Gesichtszüge aufgemalt bekommen haben, während der Mittagspause abreagiert werden können.

Der moderne Manager könnte auch vielleicht einen vollen Tag in einer Art von Relaxatorium verbringen. Er würde zuerst interviewt werden, um herauszufinden, was eigentlich sein Lebensziel ist, wovon er träumt und worauf er hinaus will. Einige Tests könnten angewandt werden, um herauszufinden, ob er als Person eher prestige-orientiert ist, an großen Autos, teuren Kleidern und luxuriöser Umgebung usw. Gefallen findet, oder mehr von einem einfachen Leben träumt.

Will er mehr oder weniger Freunde haben, sucht er Ruhm oder ruhige Glückseligkeit, Einsamkeit oder große Mengen von Menschen.

Die Alpha-, Theta- und Beta-Wellen*) könnten verschiedene Arten der Konzentration oder der Entspannung registrieren. Man könnte sie für Tests zur Erforschung verwenden, ob die Wellen, die bei Tagträumen entstehen, über die man vorher

*) Für den deutschen Leser ist es sicher notwendig, einige erklärende Hinweise zu den Bio-Feedback-Geräten zu geben. Nachdem die Forschung eindeutig festgestellt hat, daß bei meditativen Übungen das Gehirn vorwiegend Alpha-Wellen produziert, wurden kleine tragbare und preiswerte Meßgeräte entwickelt, die die vier bisher festgestellten Hirnstromwellen (Alpha-, Beta-, Delta- und Theta-Wellen) registrieren. Produziert man nun Alpha-Wellen, ertönt ein akustisches Signal. Schon nach kurzer Einübung soll es sehr leicht sein, willentlich diese Alpha-Wellen zu produzieren und dadurch in einen meditativen und kreativen Bereich vorzustoßen, der sonst nur durch eine lange Praxis mit herkömmlichen meditativen Übungsmethoden zu erreichen war.
Bei Testpersonen hat sich ergeben, daß sie nach gewisser Zeit auch ohne Bio-Feedback-Geräte in der Lage waren, jederzeit bewußt Alpha-Wellen zu produzieren.
Diese innere Bewußtseinserweiterung — ohne die Verwendung von Drogen — wird für den modernen Manager in Zukunft ein sicher viel wertvolleres Hilfsmittel sein als schematische Verhaltensregeln.

198

berichtet hat, in der Tat identisch sind mit denen, die mit Hilfe dieser elektronischen Geräte gemessen wurden und Entspannung bzw. das Gegenteil signalisieren.

Der Klient oder Patient würde dadurch eine viel tiefer gehende und objektivere Kontrolle darüber gewinnen, was in ihm tatsächlich vorgeht. In einem sich anschließenden Interview könnte man herausfinden, inwieweit die Leitmotive, die während des Gehirnwellen-Experimentes Erregung oder Entspannung erzeugt haben, mit den Tagträumen übereinstimmen. Diese das Management revolutionierende Maßnahme, also Tests, Interviews usw., setzen natürlich in verstärktem Maße die Einstellung von Betriebspsychologen voraus.

Ein anderes Experiment, mit dem wir begonnen haben, sieht so aus, daß wir den Manager in eine total veränderte Umgebung stecken. Durch die Verwendung von Bühnenkulissen und die Projektion von Dias an die Wand kann die Illusion verschiedener Stimmungen und Umgebungen erzeugt werden. Nehmen wir an, wir wollen herausfinden, in welchem Büro sich eine Person wirklich wohlfühlt, ob in einem kleinen oder einem großen. Dadurch, daß wir die Schirme oder die Kulissen verschieben, können wir ein Entwicklungsgebiet für den Menschen, nämlich ein sog. territoriales Imperativ (der Ausdruck stammt aus der Zoologie) herstellen, um herauszufinden, welche Art von Umgebung am besten für die jeweilige Person geeignet ist.

Auch Farbschemen, Formen und Typen von Schreibtischen oder das Bedürfnis danach, entweder keinen Schreibtisch, weiche Teppiche oder einen harten Fußboden zu haben, kann auf diese Weise getestet werden. Wir können also lernen, wie man die Person an die Umgebung anpaßt, dadurch daß man die Umwelt auf die Person zuschneidet. Die Auswirkungen eines falschen Vorgehens sind fast so, als ob man ein Kind jahrelang gezwungen hätte, rechtshändig zu sein, während es in Wirklichkeit, ohne daß es jemand bemerkt hat, linkshändig war.

„Schrecklich, diese Kletterei nach den Akten, nur weil der Alte sich wieder nicht entscheiden kann, in welcher Umgebung er sich wohlfühlt."

Man könnte untersuchen, ob ein Manager z. B. in einem Büro arbeitet, das für ihn entweder viel zu groß oder zu klein ist. Dieselbe Methode kann auch dazu verwendet werden, die Einstellung zu gewissen Produkten zu testen.

In der Motivforschung haben wir schon seit langem sog. nicht direktive, assoziationsmäßige Interviewleitfäden benutzt. Wir vermeiden dabei, die Leute direkt zu fragen, warum sie z. B. einen bestimmten Wagen gekauft haben. Wir finden, daß die wahre Ausgabe der „Searcher" ist, durch die Spontanbemerkungen des Befragten herauszufinden, was seine wirklichen Beweggründe für den Kauf gewesen sind. Auf einer noch viel moderneren Stufe haben wir begonnen, Menschen dazu zu bringen, in einer Art von psychischem Drama mitzuwirken, z. B. die Rolle einer Schreibmaschine zu spielen. Diese Methode hat gezeigt, daß eine sehr weitreichende Unzufriedenheit mit der herkömmlichen Tastatur besteht. Stenotypistinnen hatten den Wunsch, daß die Tastatur eher konkav ist und irgendwie dazu bereit, die Finger der Schreibenden zu empfangen, fast so, als ob die Schreibmaschine ein weibliches Produkt wäre, das sich den Händen der Stenotypistin irgendwie hingibt. Außerdem wurde in diesem Psychodrama der Wunsch geäußert, daß die Tasten an die Größe der Finger angepaßt werden sollten.

Ein weiterer Schritt, der in tiefenpsychologischen Studien angewandt wird, um die Fähigkeit des Managers und die der Mitarbeiter zu determinieren, ist, da auch viele Probleme im Zusammenhang mit Marketing darauf hinauslaufen, dreidimensionale Umgebungen zu verwenden, in denen der Befragte oder eine Gruppe von Testpersonen für eine Stunde wie in einer neuen Welt lebt. Man könnte diese Untersuchungsmethode auch Realitäts- oder dreidimensionale Forschung nennen, da die Person vollkommen darin untertaucht. Man nennt dies auch „totale Immersion".

Als Kinder werden wir ständig mit Verboten konfrontiert. Eine Möglichkeit der Aufhebung und der Korrektur dieses Tatbestandes wäre, für das Kind oder auch für den Manager einen Ja-Raum zu schaffen, in dem alles erlaubt ist: wo man Dinge auf dem Boden herumliegen lassen darf, oder auf dem Schreibtisch komplette Unordnung herrschen kann.

Wenn man einige Stunden in einer solchen Umgebung lebt, kann man vielleicht der repressiven Person beweisen, daß die Welt noch längst nicht zusammenfällt, wenn etwas Unordnung herrscht.

Wenn man die Rollen variiert, könnte in einem anderen Raum eines solchen Relaxatoriums oder psychologischen Trainingslaboratoriums eine Art „Preußische Ordnung" herrschen und eine Viereckigkeit, die man als Inversionsbehandlung für die unordentliche Person verwendet, die somit entdecken könnte, daß Ordnung und Regelmäßigkeit auch dazu beitragen können, ein Gefühl der Ruhe und der Kontrolle zu erzeugen, das sie vielleicht vorher nie erfahren hat.

Die Möglichkeiten sind endlos. Eltern können vielleicht die Welt des Kindes besser verstehen, wenn sie gezwungen werden, alles von unten, also aus der Sicht des Kindes zu sehen. Die Welt würde dann aus Beinen, Unterseiten von Tischen und Sesseln bestehen, alles wäre unverhältnismäßig groß.

Vergnügungsräume, Schmerzensräume, sogar Räume, wo alle schlechten Nachrichten, die über Radio und Fernsehen ausgestrahlt werden, für einen Tag oder zwei eliminiert würden, könnten dazu dienen, herauszufinden, woher das Unbehagen im Alltag wirklich kommt.*) Entwickeln wir diese Idee vielleicht ein bißchen weiter: Warum sollten wir nicht stimulierende Gedanken an die Wände des Büros projizieren, besonders wenn es draußen außerordentlich grau und öde ist?

---

*) Der amerikanische Ölmillionär Rockefeller hatte sich z. B. täglich eine Zeitung drucken lassen, in der nur die erfreulichen Nachrichten zu finden waren, da er sich in seinem hohen Alter nicht allzusehr mit negativen und deprimierenden Dingen beschäftigen wollte.

Wir halten ja das Wetter bereits durch Klimaanlagen unter Kontrolle, wir heizen, warum können wir nicht auch lernen, unsere Umgebung durch solch einfache Methoden wie Musik, künstlich geschaffene Aussichten oder sogar durch neue, interessante taktile Erfahrungen zu kontrollieren und zu bereichern? Sessel oder Wände könnten mit glatten oder rauhen Stoffen bespannt sein. Man kann auch andere Sinne stimulieren, wie Geruch und Geschmack.

Mit Autofahrern haben wir Versuche angestellt, das Lenkrad mit Einkerbungen und Figuren zu versehen, ohne den festen Griff zu verhindern, um beim Fahren neue taktile, interessante Erlebnisse zu erzeugen. All unsere Untersuchungen haben gezeigt, daß wir genau wie die Kinder erwarten, überrascht zu werden. Die durchschnittliche Fabrik oder das Büro läßt meistens einen eintönigen Arbeitstag auf den anderen folgen, es gibt selten Überraschungen. Diese Eintönigkeit verhindert Kreativität und Reformen des Arbeitsablaufes.

Man muß sich fragen: Kann man so was lernen? Wir glauben: ja. Mit Hilfe der modernen technischen Materialien können wir den Geist in verstärktem und heutzutage ganz ungeahntem Maße entfalten.

Der moderne Manager sollte von seinen steifen Regeln abkommen. Er müßte es aufgeben, in endlosen Konferenzen um den Beratungstisch zu sitzen. Statt dessen sollte er auf möglichst freie Weise seine unausgenützten Fähigkeiten entwickeln. Ein Spiegelraum könnte vielleicht eine Weiterentwicklung all dieser Ideen sein. Hier würde der Manager sich selbst in einer möglichst realistischen Art sehen und gleichzeitig würde seine Art, zu reden und sich zu benehmen, in Bild und Ton festgehalten werden. Bis jetzt haben wir den Sex, der teilweise noch ein Tabu ist, überhaupt nicht erwähnt. Vielleicht wird auch die Aufgabe der Zukunft sein, z. B. ein paar Stunden in einem Raum zu verbringen, in dem man lernt, seine Hemmungen zu verlieren.

Diese psychologische Klinik, von der wir sprechen und die es bis jetzt nur in einem experimentellen Stadium gibt, könnte ziemlich leicht in die Realität umgesetzt werden. Der Entspannungs- oder Enthemmungsraum, wenn er auch nur für eine Stunde verwendet wird, könnte eine Ergänzung oder ein Ersatz für die nur einmal im Jahr stattfindende Weihnachtsfeier sein. Man könnte den Menschen beibringen, sich selbst darzustellen, Kontakte herzustellen, zunächst einmal verbal und eventuell auch durch taktile Methoden oder sogar mit Hilfe von Parfüms, von anziehen und ausziehen. Ein Swimmingpool, der im Keller eines Bürogebäudes eingebaut werden könnte, würde helfen, diese Idee der Entspannung außerordentlich weiterzuentwickeln.

Dieser letzte zehnte Punkt basiert auf dem Antifatalismus und ist eine der revolutionärsten Entwicklungen der letzten zehn oder zwanzig Jahre. Wir lehnen uns immer mehr dagegen auf, unser Schicksal einfach zu akzeptieren und werden uns bewußt, daß wir die Meister unseres Lebens sind. Moderne Management-Trainingsmethoden werden diese Idee auch mit in Betracht ziehen müssen. Nicht die Frage, ob man in diesen oder jenen Arbeitsplatz paßt, sondern Vorschläge, wie wir den Arbeitsplatz und die Arbeit als solche besser einrichten können, so daß sie für alle geeignet sind, sich selbst zu entfalten, ist relevant.

Der Manager hat es natürlich auch oft mit Krisen zu tun, die denen, denen er im Leben draußen begegnet, sehr ähnlich sind. Eine neue Aufgabe ist ihm nicht gelungen, oder wenn er sein eigener Chef ist, passiert es, daß er in finanzielle Schwierigkeiten gerät oder einen großen Kunden verloren hat.

In unserem modernen Leben haben wir es mehr mit Krisen zu tun als je vorher. Viele dieser ängstlichen Momente und unerwarteten Entwicklungen haben oft nichts mit unserer eigenen Geschicklichkeit oder Planung zu tun, sondern kommen wie ein Blitz aus heiterem Himmel. Ermordungen von Staatsmännern, politische Krisen, Währungskrisen; wir haben fast keine

Namen mehr, sie alle zu klassifizieren. Vielleicht werden wir, wie bei einer Epidemie, wenigstens gegen einige Krisen immun.

Die Arbeit und der Arbeitsplatz können wie ein Laboratorium verwendet werden. Der moderne Manager sollte durch eine „Krisenimpfung" gegen die nächste Krankheit geschützt werden. Das Benehmen in einer Krise ist in den letzten Jahren sogar Thema von wissenschaftlichen Untersuchungen geworden. Viele Regierungen sind interessiert daran, wie sich Menschen in einer militärischen oder ähnlichen Krise benehmen werden. Sollten wir je in einen tragischen Nuklearkrieg verwickelt werden, wie würden sich verschiedene Nationen oder Menschentypen verhalten?

Viele dieser Krisenstudien, z. B. die von *Hermann Kahn*, suggerieren, daß die meisten von uns panisch in alle möglichen Richtungen davonzulaufen versuchen. Die ärgsten egoistischen Instinkte werden wachgerufen. Diejenigen, die einen Schutzraum entdeckt haben, werden die anderen nicht hereinlassen. Dieselben Studien zeigen aber, daß man sich daraufhin trainieren kann, auf intelligente Weise und ohne in tierische Instinkte zurückzufallen, zu reagieren.

Genauso kann der Arbeitsplatz als Krisenlaboratorium verwendet werden. Es gibt eine Reihe von Dingen, die man von diesen Studien lernen kann. Wir müssen zunächst einmal wirklich verstehen, was im Menschen bei einer Krisensituation vorgeht. Die meisten Tiere, die Menschen mit inbegriffen, reagieren auf zwei fundamental mögliche Weisen. Davonlaufen oder seinen Mann stehen und zurückschlagen und kämpfen.

Welchen dieser Wege wir wählen, kann von der Persönlichkeit, von den Umständen und der Größe der Gefahr abhängen. Was aber hier wichtig ist: auch von der Art des Trainings, das wir erhalten haben. Viele Manager haben eine fast atavistische Reaktion, wenn das „Schicksal", wie sie es nennen, ihnen einen Schlag versetzt. Sie ducken sich und warten, bis der nächste Schlag sie wieder in den Nacken trifft. Es ist fast so, als ob

sie überzeugt davon wären, daß dieses Unglück vedient kommt.
Die Dinge werden noch komplizierter, wenn, wie es oft der
Fall ist, ein gewisses Quantum von Masochismus mit eine Rolle
spielt. Es gibt viele Leute in führenden Stellungen, die, solange
alles gut geht, richtig funktionieren, aber bei dem ersten „Streß"
zusammenklappen. Sie erfreuen sich fast ihres miserablen
Schicksals.

Vor einigen Jahren wurde im amerikanischen Radio in einem
Hörspiel eine Invasion von Marsbewohnern in dramatischer
Form dem Publikum als Thriller vorgesetzt. Eine nachträg-
liche Studie ergab, daß viele Leute ein inneres Gefühl der
Erleichterung und fast Selbstbestrafung erlebten und froh
darüber waren, daß sie jetzt aller Verantwortung enthoben
waren, da jetzt sowieso alles zu Ende ging.

Der Manager, der, wenn die Krise erkennbar ist, einfach nichts
tut, spielt die Rolle der Flucht. Er spielt Tod, wie es viele
Tiere in Panik tun. Eine andere Version ist, daß er tagelang
nicht ins Büro kommt. Stalin war angeblich nach der deutschen
Invasion lange Zeit nicht zu erreichen. Er wollte es nicht wahr-
haben und verbarg sich.

Die Kampfhaltung ist natürlich in den meisten Fällen die rich-
tigere. Aber diese Kampfrekation darf auch nicht eine blinde
Wut sein oder darin bestehen, jemand anderem die Schuld zu
geben, sondern muß dazu führen, die Situation, die Fehler
und die mögliche Rettungsaktion zu erwägen und dann wirklich energisch zu handeln.

Es sollte, so wie es Brandübungen gibt, auch Krisenübungen
geben. Managen heißt, einen gewissen Lebensstil, der nicht
immer bequem ist, zu akzeptieren.

Leser:
*Wie kann man lernen, Krisen verschiedener Art zu verkraften?*

Autor:
*Die menschliche Natur hilft uns sehr oft. Sogar bei einem
Todesfall ist es am besten, sich auf die normalen Tätigkeiten
zu konzentrieren, zu essen, zu schlafen. Das Leben geht trotz
des Todesfalles irgendwie weiter. Man kann sich sagen: Das ist
meine fünfte Krise, ich habe sie alle überstanden. Man kann
mit anderen Mitarbeitern, die ähnliche Dinge durchgemacht
haben, Erfahrungen austauschen.*

*Eine zweite Methode ist die, Tatsachen auszusortieren. Welche
positiven Faktoren sind übrig, wie kann ich den psychologischen oder finanziellen Schutt wegräumen? Wie kann ich
einen neuen Anfang machen? Dazu gehört, seine Verluste zu
akzeptieren und nicht weiter darüber nachzudenken. Man muß
sie im psychisch-buchhalterischen Sinne abschreiben.*

*Äußerst schwierig, aber sehr dankbar ist es, wenn man die
Krise als interessantes Erlebnis registrieren kann. Man kann sich
dadurch helfen, daß man sich in Erinnerung ruft, daß oft nach
ein oder zwei Jahren der Herzanfall, der Zusammenbruch eines
Geschäfts, eine notwendige Flucht aus einem Heimatland aus
rassischen oder politischen Gründen sich als ein wichtiger positiver Wendepunkt im eigenen Leben erwiesen hat.*

*Viele Menschen erzählen mit Genuß, was ihnen vor einiger Zeit
Furchtbares passiert ist. Oft entdeckt man, daß man später
sogar darüber lachen kann.*

## Zusammenfassung

Wir haben in den zehn Kapiteln versucht, Sie mit Fakten, Resultaten und Umwälzungen zu konfrontieren, die Ihnen vielleicht zum Teil bekannt sind, deren Bedeutung Sie für Ihre Arbeit aber bestimmt viel zu wenig berücksichtigt haben.

Wir haben Ihnen an der Schwelle großer gesellschaftlicher Umwälzungen das Bild eines Managers gezeigt, der nicht, nach mehr oder weniger vollkommenen Systemen programmiert, bloß funktioniert, sondern der die Möglichkeiten der heutigen Zeit nutzt, um alle Bereiche seiner Persönlichkeit zu entdecken und zu entwickeln.

Der Titel „Der nackte Manager" soll sagen, daß wir den Manager dazu bringen wollen, sich von Illusionen loszumachen und sich selbst zu sehen, wie er wirklich ist. Er muß lernen, mit der Realität zu leben, anstatt Minderwertigkeitsgefühle zu entwickeln, weil er ständig das Gefühl hat, unvollkommen **zu** sein und sein Ziel und seine Arbeit nicht richtig zu erledigen und zu beherrschen.

Im ersten Kapitel haben wir davon gesprochen, daß man mit nicht zu streng logischen Methoden öfter weiterkommt als mit systematischen, ethischen, zielgerichteten, hartnäckigen Arbeitsweisen.

Im 2. Kapitel haben wir versucht, die Rolle der Intuition, die zunehmend an Bedeutung gewinnt, einzuführen. Sie hat ihren festen Platz auf dem Gebiet der psychosomatischen Medizin, der Psychotherapie und auch in der Selbstanalyse. Wir lernen langsam immer weniger, rein physisch kausal zu denken und beginnen wirklich daran zu glauben, daß der Geist mächtiger ist als bloße physische Macht.

Im 3. Kapitel appellierten wir an den Manager, sich mehr von seinen Hemmungen und von Routine zu befreien.

Im 4. Kapitel haben wir von der Büroeinrichtung als Mittel zum neuen Start gesprochen und auch von der Idee, daß sich die Erkenntnis, daß Arbeit und Freizeit nicht voneinander getrennt zu werden brauchen, als immer wichtiger erweist, und daß es keine Sünde ist, wenn man Freude bei der Arbeit hat.

Im 5. Kapitel war unser Interesse darauf gerichtet, dem Manager klarzumachen, daß es für ihn eigentlich viel wichtiger ist, ein Therapeut zu sein, als „seine" Produkte zu kennen und zu wissen, wie man am gewinnbringendsten verkauft und die Arbeitszeit organisiert. Der Manager der Zukunft muß also eher ein Therapeut als eine bloße „Verkaufskanone" sein. Diese Art, Dinge anzusprechen, die man bis jetzt als völlig nebensächlich angesehen hat und zum zentralen Thema des Berufes zu machen, ist eine der neuen Ideen, die mehr und mehr akzeptiert werden müssen.

Im 6. Kapitel haben wir vorgeschlagen, daß Manager zunächst einmal lernen sollten, sich selbst zu managen, bevor sie auf andere Menschen losgelassen werden. Wenn man die Idee ausdehnt, trifft sie natürlich auch auf Lehrer, Eltern und Politiker zu.

Die Idee ist heute noch utopisch, aber Eltern sollte davon abgeraten werden, Kinder in die Welt zu setzen, ehe sie nicht eine Prüfung abgelegt haben, ob sie tatsächlich dazu fähig sind, Kinder zu erziehen und die fundamentalen Prinzipien der psychologischen Entwicklung der freien Persönlichkeit zu akzeptieren und zu verstehen. Wichtiger noch für das Schicksal einer ganzen Nation und der Welt ist es, ob ein politischer Führer oder der Präsident einer Demokratie wirklich die Begabung hat, die emotionellen Fähigkeiten, die Anforderung an seine Ehrlichkeit und ähnliche wichtige Dinge zu erfüllen.

Im 7. Kapitel haben wir Kenntnisse von der Unsicherheit ökonomischer Entwicklungen und der Zwecklosigkeit der genauen Planung übermittelt, eine Kontrolle von Inflation und ähnlichen Dingen verworfen und statt dessen vorgeschlagen, daß Spekulation, daß Spiel, ähnlich dem in der Spielbank, und andere in unseren Augen fast unmoralische Dinge von grundauf gelernt werden müssen und ganz speziell heutzutage zum modernen Leben gehören.

Im 8. Kapitel besprechen wir die Notwendigkeit einer neuen Lebensphilosophie, die unerläßlich für eine leitende Persönlichkeit ist. Wir schlagen vor, den Manager der Zukunft vielleicht nicht nur Psychotherapie, sondern auch Philosophie studieren zu lassen und ihn mit philosophischen Methoden über den Zweck seiner Arbeit und der seiner Kollegen reflektieren zu lassen.

Im 9. Kapitel erfahren wir von der Möglichkeit eines nonkonformistischen Managers, des Managers, der in kein Schema paßt und der um so besser ist, je mehr er sich gegen die Organisationsmethoden und bestehenden Regeln auflehnt. Diese Fähigkeit ist gleichzeitig die Fähigkeit, die der erfolgreiche Unternehmer haben muß; d. h., je größer die Organisation ist, desto mehr muß er sich auf die Zentralisation verlassen können und erkennen, daß jeder halbwegs wichtige Manager sich möglichst unvoreingenommen und selbständig benimmt. Er wird zwar bei seinen Aktionen darauf achten, daß sie in den Gesamtrahmen hineinpassen, ihm aber einen großen Spielraum für seine Individualität lassen.

Im 10. und letzten Kapitel haben wir dann wiederum darauf aufmerksam gemacht, daß man fast Dreiviertel seines Lebens in Büro- und Fabrikräumen verbringt, daß die Arbeit als Laboratorium für ein antifatalistisches Lebensziel funktionieren kann und daß diese Orte in Wirklichkeit zu stark erfordern, daß der Mensch, der darin operiert, sich an die bestehenden Bedingungen anpaßt, statt umgekehrt. Der moderne Antifatalismus zeigt, wie wir uns dagegen wehren können, alt zu werden, Runzeln zu kriegen und häßlich zu sein, wie auch gegen die bestehende Umgebung und deren Einflüsse anzukämpfen, sie zu meistern und sie unseren Wünschen und unserem Willen unterzuordnen.

Die 10 Kapitel – und es könnten natürlich noch sehr viel mehr geschrieben werden – sollen den Zweck haben, zum Nachdenken anzuregen, vielleicht auch althergebrachte Ideen etwas anzukratzen und zu zeigen, daß das Management nicht eine exklusive Domäne für einen Mann oder eine Frau darstellt, die im Büro oder in der Fabrik arbeitet, sondern daß es in Einklang mit den Hauptprinzipien des modernen Lebens stehen muß.

Fast jeder managt in irgendeiner Form jemand anderen: die Eltern die Kinder, die Kinder öfter, als man annimmt, die Eltern, Geschwister managen sich untereinander. Trotz alledem haben wir bis jetzt dieses Problem der Führung, das Problem, andere Menschen richtig zu leiten, schlechthin, in einer naiven Weise angegangen. Wir haben angenommen, daß es irgendwelche festen Regeln gäbe. Der Gesamttenor dieses Buches, wie auch sein Untertitel andeutet, geht eigentlich in die Richtung, daß der Manager, besonders der ganz moderne, derjenige ist, der ohne Systemzwang arbeitet und zu arbeiten lernt.

„*Wenn Sie sich jetzt immer noch durch die Management-Mühle drehen lassen, lesen Sie auf Seite 7 ff. weiter.*"